AF592984

Ultreïa ou plus loin sur le chemin

Alain Soleilhac

Ultreïa ou plus loin sur le chemin

ISBN : 979-10-422-0239-2

À tous ceux qui se mettent en chemin.

Prologue

Momentanément interrompu à Saint-Jean-Pied-de-Port à la fin juin 2021, notre chemin de Saint-Jacques était forcément inachevé.

Ultreïa, le cri des pèlerins, ne signifie-t-il pas toujours plus loin, physiquement, mais aussi spirituellement ? Revoici donc notre trio de pèlerins-tandémistes parcourant le Camino Francès sur les routes espagnoles l'année suivante.

Comme dans mon premier ouvrage intitulé « Un chemin à contre peur », une part seulement de ce nouveau témoignage est réservée à la narration des onze étapes sur le chemin proprement dit. En définitive, j'ai le sentiment qu'un cheminement vers l'acceptation s'est mis en route. Du fait de l'affaiblissement de la vision, l'impression des images a été plus difficile pour la mémoire. Néanmoins, j'ai tenté d'exprimer la résonance intérieure qu'une telle expérience engendre. Dès mon entrée en écriture, le petit vélo zigzagant dans ma tête a eu l'intention de s'aligner au départ de l'épreuve pour la remporter. Comme le précédent, ce second livre est symbolisé par ce grand vélo que l'on nomme tandem. Si sur la route, j'ai eu le plaisir de faire tandem avec Gilles et Alain, je remercie également mes entraîneurs : Jean-Luc, Éric, Stéphane, Paul et Bruno. J'ai surtout été soutenu au quotidien par mon épouse Aline et encouragé par mes amis du Camino et ceux du Saint-Jacques du Velay, dont Patrick qui nous a aidés à monter l'itinéraire. Tel un malvoyant quelquefois hésitant entre les obstacles du pèlerinage de sa vie, rempli de reconnaissance, cette année encore, je vous propose de m'accompagner.

Avant-propos

Se rendre à Saint-Jacques-de-Compostelle ou en tout autre lieu où l'on vénère un saint, quelle que soit sa religion, c'est accomplir un pèlerinage. En ces jours de charnière entre le printemps et l'été 2021, avec Gilles et Alain, nous avons parcouru en tandem la moitié du célèbre chemin menant à Saint-Jacques-de-Compostelle. C'était prévu ainsi. Honnêtement, si faire un pèlerinage n'était pas mon intention première, aujourd'hui, ce mot résonne en moi comme une question à approfondir. De la même façon que l'entièreté du parcours n'a pas été accomplie, j'ai le sentiment qu'il manque quelque chose à la réalisation du projet. Avoir pédalé onze jours consécutifs à « contre peur » n'a pas suffi. Au-delà du désir de prolonger les moments de satisfaction physique et mentale, l'idée de poursuivre la route en quête d'une nouvelle libération s'invite en un lieu secret de mon être. En ma quinzième année de retraite, j'ai eu la chance de pouvoir réaliser cette magnifique aventure malgré le handicap et j'en conserve toujours les fruits. Cependant, l'appétit pour savourer la suite du chemin subsiste. Les centaines de kilomètres n'ont pas étanché ma soif de réponse aux questions posées par mon âme.

Il y a deux ans, la narration de cette aventure commençait par ces mots : « Il me faut un projet ». Certes, le désir de mieux-être s'impatientait déjà, mais une forte part d'injonction personnelle le rendait obligatoire. Aujourd'hui, je me prends à souhaiter d'être mis en mouvement plus par un appel au pèlerinage que par la réalisation d'un défi physique et mental. Je ne crois plus que l'obligation de rebondir et de se surpasser représente la seule motivation. J'aimerais que les efforts du corps deviennent de simples outils au service d'un désir dont l'origine s'enracine dans l'appel de ce que je nomme l'Esprit. Ce n'est pas pour la part d'exploit que je veux terminer mon Saint-Jacques, mais plutôt répondre à l'espoir d'une sorte de guérison d'ordre psychique et spirituel. J'aimerais que cette deuxième partie du texte m'aide à avancer sur le chemin de la paix, de la confiance et de la foi.

Si la réalisation du trajet et la reprise du témoignage écrit à ce sujet constitueront une part de cet ouvrage, j'éprouve en même temps le désir d'y respirer dès maintenant l'atmosphère vivifiante d'un chemin d'espérance. Bien sûr, au fond du sac à dos du pèlerin, se trouve encore le handicap, mais je crois que le moment est venu de considérer cet ustensile comme un outil qui s'apparenterait plus à un levier pour soulever la vie éprouvée qu'à un simple couvercle masquant temporairement l'inquiétude.

I
Un pèlerinage à inventer

Donc, si ce n'est pas un tombeau, fut-il celui d'un grand saint qui m'attire, c'est peut-être la route à faire jusqu'au bout d'un certain continent ? Mais de quel continent s'agit-il ? Dieu sait si je donne au mot route un sens particulièrement large.

Avec mon copain Stéphane, sous un froid soleil de décembre, nous avons repris l'entraînement cet après-midi. Dans la montée à la sortie d'Espaly, je sens mon cœur qui se serre. Mais, même si on me dit qu'un effort physique intense n'est pas indiqué par temps froid pour un ex-cardiaque, le cœur n'est pas l'organe qui m'inquiète. Lui, je ne le vois pas. À vrai dire, je m'en fiche. À cinquante centimètres devant moi le rouge artériel du maillot de mon pilote rythme l'espace en dansant de droite à gauche. J'enfonce les pédales entre ce qu'il reste à voir et le rien que je ne vois plus. Subitement, j'ai le sentiment d'avoir découvert le contenu de ma démarche pèlerine. La voici, la prière au saint dont elle porte le nom. Tout autour du torse rouge qui s'agite, pour moi défile le flou du reste de la vie. Je ne sais plus ce qu'il faut espérer. La vie rouge comme la rage qui m'anime ou la paix dans l'acceptation de ce qui se trouve encore là devant mes yeux. Se contenter de ce qu'il y a à voir ici et maintenant. Là commence mon chemin de prière. Si je nomme ainsi ce travail d'acceptation, c'est qu'à l'exemple d'une prière telle qu'on me l'a apprise, je ne le trouve pas drôle du tout. En même temps, j'espère parvenir à croire qu'elle finira par être entendue. Puisque je n'ai pas le choix, je peux toujours penser que la colère ou la détresse, ruminées ou refoulées, représentent autant d'offrandes au saint qui m'a invité. Que Dieu me pardonne toutes ces interrogations, mais je ne comprends pas sa surdité. L'horreur de voir s'effacer le monde qu'il aurait créé pour l'homme mérite mon dépit. Mais au fond, tout cela n'est que mouvement de l'âme. Allons, mon petit gars pèlerine donc. Cherche ce qu'il reste à voir, parce qu'au-delà de la perte progressive d'un sens à accepter, il y a un essentiel à découvrir.

Pour commencer, tout à fait prosaïquement, je décide d'accepter le développement choisi par Stéphane. Qu'est-ce à dire ? Il me semble que le petit plateau du pédalier autorisant un moindre effort serait plus indiqué pour mes jambes. Mon entraîneur ne l'entend pas ainsi. C'est son style. Pour cette raison, le chef Roger a surnommé Stéphane « 53-13 », il s'agit d'un braquet plus propice à la descente des cols. Inversement en montée, ce développement contraindrait à une lenteur requérant une puissance à la limite du décrochage ! Pour l'heure, Stéphane fait sa part puisqu'il me concède ce plateau moyen qui provoque malgré tout une abondante sueur un tantinet irritante entre front et bonnet de laine. En hiver, choisir l'épaisseur de son bonnet de pédaleur est un véritable casse-tête ! Bref, il faut faire le sacrifice de transpirer malgré l'air froid aspiré à pleins poumons si on ne veut pas se geler dans la longue descente qui nous attend au retour. La beauté du paysage me manque chaque fois, mais la volonté de m'abandonner à toutes les sensations possibles augmente d'autant plus fort. Elles restent à disposition à portée de jarret, de poumons, de peau, d'oreilles, de narines et je le sais, même de vue. Mais le siège du savoir trône dans la tête. Celui de la reconnaissance du réel a sa place dans la chair. Mon oraison de pèlerin au mitan de son parcours consiste toujours en ce désir d'ancrage à l'instant présent que m'offre l'accueil des sensations, fussent-elles harassantes. En cette mi-décembre, une sérieuse remise en mouvement du corps reflète ce qu'il faut poursuivre sur le versant de l'esprit. À l'image de l'accueil sensoriel, je me sens appelé à voir plus clair en cherchant les chemins qui conduisent à d'autres découvertes et ouvertures. L'ampleur du programme devrait me motiver.

II
Un guidon à retrouver

Ce pèlerinage peut se réaliser grâce à tous ceux, entraîneurs et pilotes, qui ont la bonté de répondre à l'appel que j'ai lancé pour me conduire à Saint-Jacques. À tour de rôle, ils tiennent le guidon du tandem depuis plus de huit années. Une seule fois, alors que nous roulions à plus de cinquante kilomètres par heure dans une descente en ligne droite, surpris par un fourgon qui nous a serrés beaucoup trop près, Alain P., excellent chauffeur de profession par ailleurs, a dû subitement donner un coup de guidon pour s'écarter du véhicule agresseur. Il s'en est suivi une interminable série de « S » appelée guidonnage, que fort heureusement, la force des bras de mon copain a superbement rattrapée pour rétablir la trajectoire. Nous en fûmes quittes pour une belle peur doublée d'une forte colère contre ce conducteur malveillant qui aurait pu provoquer l'annulation du voyage à quelques jours du départ.

Cette fâcheuse expérience de guidonnage est à l'image de ce que signifie la perte du contrôle cérébral dans ces moments où j'ai le mental envahi par un brouillard devenu oppressant. Mais cela nous ramène à l'objectif de mon chemin défini par l'expression : « A contre peur ». Depuis que se met en place la préparation de la suite du pèlerinage, j'ai l'impression d'être engagé dans ce tournant qui m'invite d'une certaine manière à reprendre les rênes dans ces moments où le mental embrumé aurait encore tendance à zigzaguer. C'est un peu comme si le voile dans mes yeux m'ordonnait d'en pénétrer l'interminable épaisseur. Il semblerait qu'à ce point du chemin, le sentiment de peur commence à fléchir. Présenterait-il des premiers signes de lassitude ? Commencerait-il à envisager de céder face à la volonté qui m'habite ?

Dois-je y lire un signe du destin ? Pour ma séance hebdomadaire de locomotricité, j'ai eu l'idée de demander à l'instructrice si elle accepterait que je la suive au guidon de mon propre vélo qui languissait au fond du garage. Elle a été d'accord à condition d'emprunter une voie verte et de revenir par les pistes cyclables. Nous devrons en outre rester à portée de voix. C'est un peu comme si je passais du simulateur de vol aux commandes d'un décollage en situation réelle. Elle me fait confiance et je me fais confiance. Ma connaissance du terrain devrait faciliter cette balade à risques mesurés. Bien évidemment, sur les premières centaines de mètres, Mélissa va souvent se retourner afin de s'assurer de mon comportement. Installé en mode vigilance, je ne quitte pas des yeux l'image fugitive de mon entraîneur joliment féminin en le rassurant de mon mieux. À ses signalements de piétons et autres cyclistes, j'obtempère en me rangeant sagement derrière elle sans chercher à admirer le paysage. Nous progressons prudemment et joyeusement, avec sur notre droite une enfilade de jardins potagers endormis par la saison et sur notre gauche la rivière de la Borne qui opère sa confluence avec la Loire à quelques centaines de mètres. Au passage du vieux pont tordu d'époque médiévale, nous devons baisser la tête sous une des arches qui a soutenu tant de lourds carrosses et autres chars à bœufs au cours des siècles. Puis, nous ralentissons et jouons de la sonnette en franchissant l'étroit passage le long de la balustrade surplombant les rapides à la sortie du bief peuplé de canards cancaneurs. Les deux gués de béton sont à fleur d'eau, mais assez larges pour y croiser les promeneurs. À défaut de goûter un plaisir sportif, j'apprécie de jouer avec un guidon qui me permet de contrôler moi-même ma trajectoire en évitant les piétons. Je me réjouis de constater que même à allure réduite je conserve l'équilibre. En définitive, je prends conscience que l'exercice est idéal pour demeurer en cet état de présence qui me paraît si propice au dépassement de la peur. En m'offrant la motivation de ne pas percuter quelqu'un ou simplement de ne pas chuter, il emplit le champ de la conscience et repousse efficacement toute appréhension, au moins dans une longue succession d'instants. Au bout du chemin de terre battue, nous apprécions de voir que la piste cyclable est bien matérialisée et permet de traverser la chaussée en descendant de vélo pour plus de sécurité. Bientôt, après quelques lacets réservés aux cyclistes et aux marcheurs, nous faisons la jonction avec la voie verte que nous allons emprunter sur une centaine de mètres, en direction de Coubon, juste pour éveiller en moi l'envie d'y revenir seul après un ou deux entraînements supplémentaires. Je souris de me retrouver tel un acteur réussissant la première représentation dont il serait le héros. Ils ne doivent pas être nombreux à tenter l'expérience que je savoure cet après-midi ! Un malvoyant à vélo, ça ne se remarque pas. Mélissa est la seule à être dans la confidence. Accepter de me guider dans de telles circonstances prouve sa passion du métier et la confiance qu'elle offre à ses patients, incarnant une nouvelle preuve du fameux esprit du chemin : voilà une formidable thérapeute à remercier !

III
C'est l'espérance folle

Cette expression est le titre d'une chanson du poète Guy Béart. Elle m'est venue à l'esprit en terminant l'expérience précédente. Le plaisir de retrouver le guidon, l'espoir de me remettre à rouler seul maître à bord comme l'an dernier et la douce folie de cette sortie sont les trois raisons du choix du titre de ce chapitre. Il faut dire que deux jours après notre escapade, emporté par mon élan, j'ai décidé de retrouver aussi la joie de chanter au sein d'une chorale. C'est un peu avec cet objectif secret que deux semaines auparavant, je m'étais rendu sous la belle voûte de la chapelle des Chevaliers Saint-Jean pour écouter un concert donné par la chorale du bassin du Puy. Séduit par la qualité de la prestation autant que par l'atmosphère simple et joyeuse, j'ai rejoint les chanteurs et leur chef de chœur afin de leur proposer mon adhésion à l'issue de la soirée. Aussitôt dit, aussitôt fait, rendez-vous était pris pour l'après-midi du vendredi 7 janvier. Je me suis donc rendu dans la salle du centre culturel Pierre Cardinal réservée aux répétitions des chorales où j'ai été amicalement accueilli par une vingtaine de personnes heureuses de pouvoir se réunir malgré les menaces que le nouveau variant fait régner sur les associations. Assis et masqué comme tout le monde, je m'installe auprès des quatre messieurs détenteurs des voix de basse. Juste en face de moi, notre chef Jacqueline est au clavier d'un accordéon qui accompagne les trois pupitres pendant la répétition. Je retrouve enfin le plaisir de chanter les belles chansons françaises qui constituent le répertoire des membres pas tout à fait retraités de cet ensemble. J'espère retrouver ce plaisir au plus vite, car le problème de la mémoire se pose malgré tout lorsqu'on ne peut pas lire les partitions. De plus, même si ce type de chanson est bien connu par ceux de ma génération, le plus souvent les voix de basse ne chantent pas la mélodie, ce qui accroît la difficulté. Heureusement, les encouragements fusent avec la bonne intention de m'interdire le stress que décidément, je ne peux pas tout à fait mettre à distance même en pratiquant une activité censée détendre dans la bonne humeur. J'ai donc pris le parti de refouler cette tendance et de n'accueillir que la joie d'être là, petit fou chantant se laissant entraîner par la dynamique du groupe. Je profiterai de mes séances de home trainer pour mémoriser les morceaux, car j'ai pu expérimenter qu'un mouvement alternatif et cadencé du corps favorise ce genre d'apprentissage. Merci You tube !

IV
Cataractes

Souffrez ami lecteur que je poursuive mon chemin tel votre pèlerin obligé. J'imagine que sur bien des routes de pèlerinage, il se trouve des marcheurs qui vous collent aux basques. Ce matin donc, alors que mon intention n'était pas de descendre le fleuve Niagara ou celui du Nil en canoë, je suis malencontreusement tombé sur le panneau « Cataractes ». Néanmoins, je n'en fus pas totalement surpris, étant donné que depuis longtemps, je ne considère pas que la vie est un long fleuve tranquille. Y a-t-il un rapport entre les cascades d'un grand fleuve et l'opacification du cristallin de l'œil ? Faut-il imaginer que la couleur de la lentille interne de l'organe de la vue qui vieillit fasse penser à celle des chutes d'eau portant le même nom ? C'est vrai que ce rideau supplémentaire, qui s'abaisse progressivement, encombre mon regard posé sur des épaules pourtant bien déterminées à le déchirer. Tout ceci pour dire que s'il me venait à l'idée d'aller visiter de vraies cataractes, il faudrait se dépêcher avant qu'elles ne se déversent devant mon propre regard. Une pancarte les annonce en effet ou du moins, ce matin, l'ophtalmo me l'a confirmé alors que je lui racontais mes sensations visuelles. Bref, une petite cascade de pathologies lorsque le médecin énumère les mots de dégénérescence maculaire, kératocône et maintenant, cataractes. Pas si graves, puisqu'il paraît que l'opération ne semble pas être indiquée avant six mois, ce qui nous laisse le temps d'aller contempler les remous de l'océan à Cabo Fistera. Le docteur a eu le bon goût de me préciser que je craindrais moins la lumière du soleil si mes cataractes ont mûri un peu plus d'ici là. Faisons donc contre mauvaise fortune bon cœur en remarquant que cela nous laisse le temps de réaliser notre projet. La route d'Espagne, à l'image du parcours déjà effectué en France, nous offrira de belles sections ressemblant à ces rapides que descendent les canoës livrés aux courants impétueux. À l'arrière du tandem, faute de rames à empoigner, j'ai pu constater plusieurs fois combien il est important d'agripper le guidon et de serrer la selle des deux fesses pour ne pas se faire larguer dans les virages à la descente des cols lorsque mon pilote se laisse griser par la vitesse ! Pas de rochers éclaboussés de remous, mais des talus gravillonnés que nous mordons parfois, le pneu ripant sous nos appuis !

Pendant ce temps, en amont du départ, notre ami Alain dont les fraisiers en ce glacial mois de janvier ne déversent pas encore leur cataracte de goutteux et énormes rubis, s'active sur son ordinateur pour débusquer les adresses des gîtes d'étape où nous nous délasserons le mollet dans quatre mois et demi environ après notre cataracte quotidienne de coups de pédales ! Je rêve à ce refrain de sonorité catalane de ces noms d'auberges ibériques, encouragé par la nouvelle de l'aimable proposition de notre députée locale Isabelle Valentin de faire la promotion de notre projet en roulant avec nous sur une étape altiligérienne du superbe chemin.

Mais deux mois après cette jolie annonce, voici que notre rendez-vous avec elle se trouve reporté pour la troisième fois. À l'image de certains cyclos, nous faudra-t-il faire preuve de solidarité en revenant en arrière à la recherche de notre accompagnatrice en difficulté sur la fin d'un col à gravir ? Les aléas du chemin sont divers et variés.

V
Impatience

En cette année 2022, l'hiver est plus froid que d'habitude. Depuis plus de huit ans, il ne s'était pas passé trois semaines sans que nous ne puissions enfourcher le tandem. Le thermomètre nous interdit de battre la campagne à notre guise. Bien sûr, il y eut des tentatives de remplacements par des randonnées pédestres, mais celles-ci ne devaient se solder que par une série de refroidissements entraînant d'autres désagréments physiques et en ce qui me concerne, un véritable coup d'estoc à proprement parler.

Que le temps semble long lorsque le handicap limite la variété des activités. C'est ainsi, que jeudi dernier, rendu impatient par ces heures d'attente teintées de gris, me décidant à parcourir d'un bon pas une boucle de quatre kilomètres dans les alentours, je me suis laissé piégé par un malencontreux hasard. En marchant sur le bord de la route au plus près de la rambarde galvanisée, mon bâton glissant sur celle-ci est venu heurter de sa pointe métallique, l'un des piquets qui la fixe au sol. Sa poignée m'a violemment percuté le ventre juste sous les côtes. L'abdomen cisaillé par l'impact, le souffle coupé, j'ai compris que le mauvais sort venait de me jouer un sale tour. Mais le randonneur en manque d'entraînement a tout de même poursuivi son chemin sans imaginer l'interruption que cet uppercut enclencherait pour plusieurs semaines. Après quatre jours d'obligation à l'immobilité due à la douleur, la radio révélant deux côtes déboîtées de leur cartilage et un diaphragme tourneboulé par un simple faux pas, force revenait à la dure loi de mise aux arrêts d'un « apprenti guerrier » suite à un stupide accident de canne. Voilà comment se met bêtement en berne l'oriflamme d'un aspirant à la conquête du célèbre rocher de Roncevaux.

Dans son écurie glacée, le destrier patiente. Sous la véranda noyée de soleil, le home trainer se morfond. Sur son canapé, l'homme blessé s'inquiète et se plaint capricieusement d'un contre temps certes douloureux, mais tellement insignifiant comparé aux grandes douleurs de ce bas monde. Tout compte fait, il se retrouve bien fragile dès qu'un obstacle se dresse sur le chemin. Depuis un mois qu'il a été empêché d'entretenir ses quadriceps, le voici saisi par l'appréhension, à cause d'un ridicule coup de bâton dans l'estomac. Le vétéran apprenti pèlerin n'est même pas foutu d'accepter son impatience. Tel un petit garçon, qui a « trop mal », il se demande si le moment venu, il sera capable de se hisser à la hauteur du premier col pyrénéen !

À cette joute entre l'ex-guerrier et l'ancien trembleur, qui va l'emporter ? Ce sont les fourmis gagnant ses jambes qui finissent par le décider. Alors, resserrant d'un cran la tension de sa bande Velpeau à la hauteur du coup d'estoc, en espérant le maintenir à la manière d'un corset, il décide héroïquement d'enfourcher la monture mécanique qui attend sous le froid soleil de la verrière. Ce faisant, il se rend compte que le mouvement de ses jambes n'est en rien plus douloureux que la veille. En fait, il avait simplement peur et se rappelle que dans quatre mois, il va rejoindre son ami Jacques le majeur justement dans l'objectif de lui remettre sa peur.

Mais la bonne volonté et la pensée positive n'opèrent pas forcément des miracles. Les jours passant, voyant que la douleur ne cède pas, et qu'elle interdit les vraies cavalcades, le drapeau du petit soldat se met progressivement en berne. Du coup, la condition physique s'en ressent d'autant qu'un rappel de vaccin en profite pour bousculer insidieusement un équilibre précaire. Voici les mauvais jours qui reviennent alors que la douceur du temps alourdit de regrets l'absence d'entraînement. Oui, notre ex-champion doit reconnaître qu'à nouveau sa confiance s'élime peu à peu. La rancœur contre lui-même n'est pas loin. Nul besoin de se trouver concrètement en difficulté sur le chemin réel pour voir surgir la tentation si pénible de l'abandon. En ces jours lumineux, à l'extérieur, j'avoue, dans les deux sens de l'expression, que je n'y vois pas clair dans ma tête. Telle une méchante parodie du titre de ce livre, un lapsus s'est échappé de mon inconscient. Je me suis entendu parler d'un chemin à contrecœur ! Je me rends compte que mes états d'âme sont à l'image du relief en dents de scie qui nous attend dans quatre mois dans la chaîne des Pyrénées. Moi qui imaginais qu'une fois franchi le col délimitant la frontière entre la France et l'Espagne le trajet deviendrait plus facile, j'ai été étonné d'entendre Patrick nous parler de la présence de nombreux cols sur l'itinéraire.

VI
Rechercher

Lorsqu'on n'y voit pas clair, que ce soit à cause d'un problème, ou à cause de sa vue, on se met naturellement à chercher à résoudre ce problème ou à sortir du brouillard. La dégradation visuelle vous installe par force dans le statut de chercheur. Ne serait-ce que pour tous ces objets que je trouvais sans aucune difficulté, je suis contraint maintenant à me pencher en avant cent fois par jour afin de les repérer. Si j'ai l'air de m'incliner humblement face au réel, je n'en suis pas moins affecté. Si, à l'extérieur, je traverse des nuages en respirant profondément, je n'en ai pas pour autant terminé avec mes efforts pour me désembourber de la grisaille mentale de certains jours. Je dois encore et encore chercher à améliorer le goût des moments de la vie.

Mais que chercher au fond ? À voir comme avant ? Ce serait un leurre. Il faut faire avec, répondrait le psy, accepter la perte d'intégrité et d'autonomie, les digérer jusqu'à en expulser la colère ou la rancœur qu'elles suscitent. Alors, le chemin devient initiatique en vous proposant ses solutions à expérimenter à nouveau, même si vous pensiez en connaître déjà suffisamment. Mon médecin m'a suggéré d'essayer de discuter avec une psychologue. Pourquoi ne pas enrichir de cette proposition les bienfaits du Jin Shin Jyutsu et du Vittoz que je pratique déjà ? Être en mesure de bénéficier de temps et de moyens de découvrir une nouvelle ressource est un luxe dont j'ai conscience.

Je viens de réaliser que dans cent vingt jours précisément nous aurons pris le départ depuis Navarrenx et rallié Saint-Jean-Pied-de-Port qui fut notre ultime étape en juin dernier. Après le coup d'estoc déstabilisateur, ce constat a bousculé ma léthargie. En m'écoutant gémir sur mes douleurs un mois durant, me voici alourdi de cinq kilos supplémentaires et ramolli du mollet. La solution est là, à portée de mains. Il était temps que ces symptômes viennent me sortir du sommeil de l'hibernation. Un peu de déni fera le plus grand bien à mes douleurs costales. Atteint dans mon image de guerrier, me revoici prestement revêtu du cuissard court pour me mettre en selle sur le baudet attaché au support à résistance réglable. Faire le pari de surmonter la trouille d'une aggravation de la déchirure musculaire qui voudrait me barrer le chemin vaut mieux que de reporter les entraînements aux calendes grecques. Je sens qu'une énergie de défi me rattrape. Tant pis si cette nuit je paie ma témérité en espèces tiraillantes et lancinantes. Une application des mains sur certains verrous favorisant la circulation de l'énergie devrait aider, et si cela ne suffit pas, nous avalerons un comprimé de Doliprane. Le compte à rebours a commencé ! Dans trois jours, c'est la reprise des virées en tandem avec mon fidèle capitaine depuis la première heure le 5 septembre 2014 précisément. J'ai nommé Jean-Luc Broc, alias Roger la Pomme.

VII
La reprise

Le 16 février 2022, nous sommes à 117 jours de notre départ. J'ai attendu jusque-là la reprise du tandem, même si la douleur au thorax n'a pas encore cédé. Un de mes pilotes penserait que ce n'est pas raisonnable. Mais dans ce domaine aussi, le cœur a ses raisons que la raison ne connaît pas. Dès le matin, j'installe le tandem dans la voiture, parallèlement au chauffeur et à son passager, la selle sanglée à la poignée de maintien au-dessus de la vitre avant droite afin d'assurer l'arrimage du grand vélo. Pour la reprise, nous avons choisi la vallée de la Loire, qui autorise un parcours relativement plat consistant en un aller-retour entre Peyredeyre et Vorey-sur-Arzon. C'est le plus adapté à l'interrogation que pose la fameuse côtelette légèrement déboîtée du cycliste en second. La douce température de ce début d'après-midi rajoute sa touche de plaisir à la joie de retrouver la vélocité de nos jambes après une quarantaine grise et languissante à l'image de la situation sanitaire que nous espérons voir se débloquer en même temps que les degrés du thermomètre. Je suis satisfait de constater la discrétion du ressenti douloureux supporté ces derniers jours, d'autant plus que mon Roger s'applique à le ménager accompagnant le faux plat descendant d'un coup de pédale adapté à la convalescence de l'apprenti jacquaire à vélo. Parvenu à l'entrée de la localité, l'envie nous gagne tous les deux de remonter le cours de la rivière Arzon sur quelques kilomètres en direction de Bellevue-la-Montagne. Mais il faut rester prudent, un excès de gourmandise risque d'être mal digéré à l'issue des festivités. Nous ne céderons pas à la tentation d'accéder au beau point de vue promis au sommet par le panneau. Après un échange amical avec un jeune cycliste, interpellé au passage par Roger, nous amorçons le retour dès que les premiers décamètres annoncent les lacets escaladant ladite montagne. Cette promesse se réalisera dans quelques semaines lorsque la forme sera complètement revenue. Je suis content de voir le compteur afficher les vingt-quatre kilomètres parcourus en une heure. Pas mal pour un début, même s'il s'agit maintenant de doubler le gain en remontant jusqu'à la voiture le large ruban sinueux que nous offre avec cette vallée le plus long fleuve de France. Mon entraîneur bienveillant fera sûrement de son mieux afin d'éviter que ne se réveille la sensation d'écorchure ressentie dans le thorax ces derniers jours. Finalement, le résultat se soldera uniquement par l'agréable fatigue bien naturelle après la cinquantaine de kilomètres bouclés en seulement deux heures s'il vous plaît ! Mille mercis au grand Roger.

Je n'ose pas y croire. C'est vraiment reparti. Non seulement le surlendemain, j'ai pu rajouter une trentaine de kilomètres au compteur, mais surtout j'ai été capable de les parcourir, juché parfaitement seul sur mon vélo à assistance électrique alors que ces derniers jours j'avais bel et bien fait le deuil des sorties en solitaire, tellement mon imagination m'avait convaincu de l'impossibilité de la chose. Qu'il m'est difficile de penser juste. D'un certain côté, la raison me rappelle que les risques sont élevés. N'ai-je pas besoin de ma canne de malvoyant pour me déplacer en ville ? Elle s'avère utile pour réduire les occasions de rater un bord de trottoir d'une épaisseur mal évaluée ou les irrégularités de plus en plus fréquentes dans le goudron parfois écaillé des rues de l'agglomération. Les chevilles des déficients visuels sont souvent mises à rude épreuve, sans parler des poubelles négligemment abandonnées sur le passage ou des panneaux et autres volets venant de temps en temps à l'encontre de notre front !

D'un autre côté, le désir de sauter par-dessus les barbelés de ma peur dès que le moral est meilleur revient me titiller. Le rêve d'y voir encore suffisamment, au moins pour aujourd'hui, assène son diktat impérieux à l'appréhension de tomber ou de percuter un obstacle inattendu. Cette après-midi, j'ai accordé à l'inquiétude le respect de l'interdiction de traverser un carrefour. Cela rallonge singulièrement le circuit en m'obligeant d'aller rejoindre le prochain rond-point afin de revenir plus en sécurité sur mes pas. Réduisant sagement ma vitesse dans les zones tortueuses ou ombragées, tout en demeurant concentré sur le bord de la route, quelques mètres devant moi, j'ai revécu comme avant le plaisir de la promenade à vélo. Il m'arrive de sentir l'incroyable possibilité de pédaler en basse vision dûment attestée. Par instant surgit l'étonnement d'une évidence à me déplacer sur une route, certes bien connue, mais restant naturellement dangereuse pour un cycliste malvoyant. Il me semble revivre par instants fugitifs l'époque lointaine où la pratique du vélo ne me posait aucun problème. Serait-ce là un nouveau miracle de l'Esprit du chemin ? Ce matin, il m'a semblé percevoir sa voix lorsque sur le retour, le nez dans le guidon, j'ai entendu crier mon prénom sur le bord de la route. Si l'an dernier, je me serais inquiété de ce qu'allait penser la personne connaissant mon handicap, aujourd'hui, je me surprends à sourire de cette témérité et de cette nouvelle liberté d'esprit que le chemin m'a offertes.

Le cent septième jour avant notre deuxième départ me réjouit d'un nouveau cadeau. Cette après-midi, Melchior, mon petit-fils de onze ans, va m'accompagner sur la voie verte entre Brives-Charensac et Coubon, voire au-delà, selon notre réserve en énergie. C'est sa mémé Aline qui va nous débarquer ainsi que nos deux vélos sur le parking au-dessus du rond-point de la Chartreuse. Une belle randonnée nous attend en surplomb de la vallée de la Loire et peut-être même traverserons-nous les premiers longs tunnels laborieusement construits au début du siècle par des centaines d'ouvriers pour une voie ferrée qui n'a malheureusement jamais servi.

Dès les premiers hectomètres au niveau du pont métallique enjambant la route judicieusement nommée autrefois Tire-bœuf, je sens le jeune garçon motivé comme s'il voulait en découdre avec son pépé. La première vitesse enclenchée, il disparaît illico en faisant mouliner ses jambes autour du pédalier tel un champion certain de passer le premier la ligne d'arrivée du tour de France. En lui expliquant l'importance de demeurer juste devant moi, il me laisse revenir sans toutefois réduire le rythme de son pédalage, bien décidé à assurer sa part d'entraîneur. Sentant l'opportunité d'un entraînement réel, je décide d'en rester à la première possibilité d'assistance électrique de mon vélo et vu la baisse de régime subie ces dernières semaines, je comprends que le long faux plat montant du chemin bien damé pourrait être l'occasion d'un effort conséquent tout au long de l'heure prévue en direction de Solignac-sur-Loire. Nous filons rapidement entre les talus herbeux régulièrement étayés par des murailles de pierres basaltiques très habilement disposées par une armée d'ouvriers et paysans locaux grâce auxquels aujourd'hui, les habitants des environs peuvent profiter des superbes paysages vellaves. Tout au long de dizaines de kilomètres parsemés de tunnels et de viaducs, les innombrables marcheurs et cyclistes ont sûrement une pensée émue pour les milliers d'hommes qui se sont échinés des dizaines d'années durant pour la réalisation du projet ferroviaire scandaleusement abandonné.

Au bout de trois quarts d'heure, mon champion commençant à me demander si on va bientôt s'arrêter, je lui propose encore de profiter de l'atmosphère étrange du tunnel creusé sur la commune de Taulhac. Nous allumons donc nos lampes en pénétrant sous la montagne que nous allons traverser sur exactement mille cent quarante mètres de longueur. Il y a malgré tout quelque chose d'inquiétant à s'enfoncer dans ce long boyau où nous nous sentons isolés du reste du monde. Je verrouille mon regard sur le feu rouge qui clignote et danse dans ces ténèbres que les faibles néons au-dessus de nos têtes ne suffisent pas à dissiper. Il ne reste plus qu'à foncer droit devant soi en espérant apercevoir bientôt la sortie minuscule du bout du tunnel. De temps en temps, une flaque d'eau se nourrit des grosses gouttes qui tombent de la voûte supportant la montagne. Je suis un peu stressé, mais heureux de constater qu'une prise de risque bien mesurée peut offrir un plaisir savoureux pour une liberté toujours à conquérir.

VIII
Malgré tout

De nombreux pèlerins en font l'expérience. Les jours ne se ressemblent pas tous. La décision de partir sur un aussi long périple tel le chemin de Saint-Jacques naît quelquefois dans la tête suite à une rupture douloureuse qui surgit plus ou moins de façon inattendue, venant entraver la suite habituelle des jours. Si la longue marche peut recouvrir la peine d'un pansement bien opportun, avec la fatigue accumulée et les difficultés imprévues, les retours inopinés de l'épreuve se manifestent immanquablement. La face ridée du réel a vite repris son visage éprouvé. Souvent, elle se dissimule sous un masque très personnel. Mais elle a aussi vite fait de montrer le bout de son nez, si ce n'est la totalité de ses traits. C'est elle la plus forte et il faudra marcher longuement pour parvenir, à force de pas ou de tours de roue accumulés, à mettre suffisamment de distance avec les traces laissées par ses assauts. Que ce soit pour le commun des mortels ou pour le pèlerin, le réel de la vie existera toujours pour l'homme, sans se demander s'il le blesse ou à l'inverse, le nourrit et le soigne. Il n'a ni cœur ni conscience.

Si depuis plus de deux années, je caresse un projet qui m'offre l'occasion de m'adonner à l'écriture en tentant d'exprimer mon propre ressenti, je reste conscient des terribles dangers qui pèsent sur notre planète. La souffrance provoque d'innombrables grimaces. Chacun traverse la peine, tout comme notre terre bouleversée par les guerres, les catastrophes, pandémies et autres réchauffements climatiques menaçant gravement l'ensemble de l'humanité. Si je ne ressens pas dans mon corps la blessure ou le deuil du peuple ukrainien bombardé depuis trois semaines, si j'ai été épargné par le coronavirus et si j'ai la chance d'habiter une région qui a rarement subi des tempêtes meurtrières, je suis au courant comme tout le monde et si je le déplore, je n'en suis pas pour autant affecté dans ma chair. Je peux simplement craindre de connaître un jour les morsures d'un malheur si répandu à la surface de la terre. Ce réel fait partie d'une vie qui présente également des aspects magnifiques et heureux. Pour l'immense majorité des êtres humains, la vie reste un cadeau dont beaucoup regrettent de n'en pas connaître l'origine, même si nombreux sont ceux qui se questionnent et passent du temps à la rechercher en prenant des chemins variés et en découvrant parfois que l'Essentiel habite déjà le chemin. Tout le monde connaît la célèbre phrase d'Antoine de Saint-Exupéry : « L'essentiel est invisible pour les yeux ». Elle alimente sûrement cette démarche d'écriture.

En attendant, le réel, tout comme l'avenir, existe pour tous, mais il reste nimbé d'incertitude. Personnellement, je ne suis pas encore parvenu à accepter le handicap que le hasard a agrafé dans mes yeux. Je ne reconnais pas le choix qu'il a fait pour moi. J'ai cependant consenti à un petit pas philosophique grâce à une nuance subtile lors d'un partage de mon désarroi avec Franck à l'occasion d'une séance de natation au cours de laquelle je lui expliquais la raison de mon mal-être. Alors que j'exprimais à mon interlocuteur mon refus d'évoluer toute la journée dans une atmosphère de hammam, il m'a répondu que, faute de ne pouvoir accepter le réel, je pouvais peut-être accepter « mon » réel. Ce possessif a alors agi comme un déclic. Cette poisseuse vapeur qui m'enveloppe telle une chape baveuse n'a rien d'authentiquement réel puisqu'elle ne s'applique pas à tout le monde.

Je me heurte principalement à la réalité d'une maladie que j'éprouve en tant qu'individu. Elle m'appartient, même si je suis loin d'être le seul à en souffrir. Chaque personne combat à sa façon sa propre pathologie comme la part gâtée que le réel lui destine. Ma peine à voir m'appartient. La faute n'en incombe à personne. Il n'y a d'ailleurs aucune faute. Cela est. Un point c'est tout ! À moi d'imaginer et de décider ce que je peux et veux en faire si j'ai le désir de mieux vivre avec elle. Passer mon temps à remuer le couteau dans la plaie n'aboutira jamais à rien. Apprendre à la saisir à bras le corps, jusqu'à la digérer et à m'en nourrir est la solution. La peine à voir, voilà le réel. La souffrance qu'elle déclenche, voici ce qu'il me faudrait accepter. Mais au fond, il me semble qu'inconsciemment, il y a bien longtemps qu'en choisissant de rester actif, j'ai mis en route le processus. Toutefois, l'ardeur dépensée en diverses activités n'a pas suffisamment mis à distance l'inquiétude. Il faut encore piocher. Le chemin peut conduire à une autre dimension libératrice.

Quelques jours après ces prises de conscience, je découvre encore ceci au sujet du réel que je fais mien. Ma façon particulière de voir le monde est en lien étroit avec l'individu que je suis. Ne pas l'accepter reviendrait à me nier moi-même et ne plus exister. Mais même sans y voir du tout, je suis mon chemin d'existence et si j'entends « Je suis », seulement, deux sens se présentent en conjuguant le verbe Être ou le verbe Suivre… Ici, la phrase d'une amie m'est venue en aide.

IX
L'idée d'une amie

Les amis sont des trésors. Dans un lieu qu'elle a nommé la Tente de la Rencontre, Anne-Catherine m'a suggéré une idée qui, au demeurant, ne me sembla pas transcendante. En effet, alors que je lui racontais que je vivais dans un monde de vapeur, elle me répondit que je devais m'adresser à celle-ci chaque fois qu'elle m'envahissait d'angoisse. En lui disant sans conviction que je le ferai, je me retrouve avec l'envie de l'essayer…

Et me voici, par la confiance que je fais à cette religieuse si dévouée, doté d'une nouvelle idée à exploiter. Pas si facile de s'adresser à un objet, qu'il se nomme vapeur, brouillard ou pays des brumes. En plus, comment considérer cet objet encombrant comme un ami ? Déterminé à tenter d'expérimenter le discours, je me suis mis à l'œuvre, surtout dans les instants de solitude. Inutile de créer des soucis supplémentaires à ceux qui pourraient m'entendre. Et me voici racontant à ma vapeur que je l'accepte comme compagne pendant que je vais ici ou là, en y mettant toute la conviction dont je suis capable. Me voilà, lui expliquant que je suis en train de faire ceci ou cela, tout en me rendant compte que j'y parviens, non seulement malgré elle, mais avec elle. Je me surprends même à remarquer qu'après tout, sa présence ne me gêne pas puisqu'en fin de compte, au prix de certaines adaptations, j'arrive à faire ce que je veux. En fait, depuis trois ou quatre jours, je m'habitue à lui parler comme à une amie, et, curieusement, au moment où je le fais, je suis surpris de trouver la chose possible. Bien évidemment, cette brume est si collante que, ne pouvant passer tout mon temps à lui parler comme si elle était seule au monde, elle profite des pensées que je ne lui consacre pas pour m'interpeller chaque fois qu'elle le peut. Pour le moment, je la soupçonne de se montrer exclusive, voire un tantinet harceleuse.

Pourtant, petit à petit, je me dis que l'idée n'est pas si mauvaise puisque je veille à y revenir souvent. Quelque chose d'inattendu se passe. Lui parler la personnalise et invite à une sorte de rencontre avec une réalité jusqu'ici rejetée, parce que prétendument malfaisante. J'arrive à considérer qu'elle m'aide à développer cette attention au présent qui me fait souvent défaut. Grâce à elle, je m'applique à me débrouiller en faisant ceci ou cela pour des tâches que je redoutais. En arriverais-je un jour à lui dire « grâce à toi » ?

Ce terme de « grâce » peut-il paraître excessif ? Et pourtant, combien de belles rencontres et nouvelles aventures se sont mises en place ces dernières années, en lien direct avec la crainte suscitée par l'arrivée progressive du handicap.

Je pense qu'en réalité, ma vie a commencé un chemin de pèlerinage depuis presque neuf années. La décision de lancer un appel à un pilote symbolise à mes yeux l'importance d'oser demander puis d'accepter l'aide d'autrui. Même si l'idée de faire le Saint-Jacques a pris sept ans pour se réaliser, elle existait déjà en germe au sein d'un certain sentiment de vulnérabilité. Oui, mon cher brouillard, en me conduisant au seuil du pays des brumes, tu m'as d'abord expliqué que sans les autres, je pourrais bien perdre le sens, c'est-à-dire la direction d'un chemin balisé de milliers d'étoiles. Ma vaporeuse amie, j'aimerais qu'au-delà de la peine et de la peur, tu me conduises toujours plus avant, que ce soit dans les rues de la ville, ou les routes de Santiago, en chemin vers les autres et vers le mystère de Celui que, pour l'instant, je nomme l'Autre ?

Aujourd'hui, au soixante-dix-neuvième jour précédant notre départ, comme chaque année en ce début de printemps d'innombrables petites fleurs de prunier délicatement parfumées frémissent dans le bleu du ciel au-dessus de notre terrasse. La renaissance de la nature est au rendez-vous. Elle s'est manifestement mariée avec les millions de gouttelettes de brume que le soleil fait scintiller telle la promesse de nos beaux enfants à venir. À vous, milliards d'atomes invisibles constituant le voile masquant la très belle créature du monde, j'adresse cette prière : « Permettez-moi d'adhérer chaque jour un peu plus à l'instant qui m'est continuellement offert sans craindre que le chemin ne s'interrompe. Comblez le trou d'absence du sentiment de confiance, de sensations, de force et du goût des désirs à réaliser. Guidez mon pas vers de riches rencontres à écouter ». Mon réel est mon brouillard. Mon réel est mon chemin. Une fois pleinement accepté, ce chemin me libérera de la peur.

XX
Mon Camino

Ce n'est pas une blague. Malgré les frimas revenus, si la neige s'est entassée au creux des chemins, en ce premier avril, trente-cinq pèlerins ont participé à sept heures à la célébration de départ à la cathédrale avant d'entamer la première étape du Saint-Jacques. L'hôtel renaissance Saint-Vidal a ouvert ses portes aux pèlerins désireux de passer un bon moment avec quelques bénévoles passionnés et de s'informer des dernières nouvelles concernant le trajet des jours à venir. Ne voulant pas manquer ce premier rendez-vous de la saison, j'ai gravi les rues pavées de la vieille ville afin de saluer les bénévoles fidèles qui animent le lieu d'accueil et bavarder un moment avec les randonneurs prenant le départ le lendemain. Surprise, Yves, le tout nouvel évêque du diocèse était venu rencontrer tout ce beau monde quelques jours seulement après son ordination. C'est dans une touchante simplicité qu'avec ce nouveau pasteur de l'église locale, les pèlerins présents ont partagé un petit verre offert par les accueillants, tout en écoutant les explications données par Dominique, Gilles, François et Patrick au sujet de ce lieu chaleureux qui va offrir chaque soir une oreille attentive et des conseils éclairés durant la saison. À l'occasion de cette soirée, débute la dixième année de fonctionnement du Camino qui se veut à la fois accueil des pèlerins et musée retraçant l'histoire du chemin depuis dix siècles. Si tout au long de l'année, diverses manifestations festives sont prévues, on peut d'ores et déjà se rendre compte du rôle que va jouer cette maison durant le semestre d'ouverture au public en parcourant une salle réservée à cette première décennie d'existence.

Sur un premier panneau, nous pouvons suivre l'histoire de la réhabilitation de l'hôtel Saint-Vidal où nous devinons le souhait que la rénovation de cette ancienne demeure soit chargée de la présence des habitants du Puy. Elle apporte un complément indispensable à la vie culturelle de la cité en reliant le passé à la période contemporaine, particulièrement à travers le renouveau du chemin dont le rayonnement actuel est mis en valeur. Le projet est né en 2011 pour aboutir à l'ouverture des portes en 2012, tout en s'enrichissant chaque année de nouveaux trésors. Déjà dédié aux pèlerins, son jardin est inauguré par Monseigneur Brincard en 2015. Puis en 2016, le chemin est mis en scène par une fine et longue maquette représentant les étapes du chemin et un diaporama de grandes et lumineuses photos.

Le deuxième tableau nous rappelle le message envoyé par Joseph Musseau, président du Centre Européen Saint-Jacques : « Offrir un lieu de rencontre aux Ponots, aux touristes en ville haute et aux pèlerins est primordial. Vu le succès rencontré par le premier chemin de pèlerinage classé au patrimoine mondial de l'Unesco, il est également important de structurer l'accueil des pèlerins en partance pour l'Espagne. En un seul lieu, chacun peut visualiser toutes les étapes jusqu'en Galice, quelles que soient ses motivations.

Chaque Ponot doit se convaincre de son importance dans l'accueil des pèlerins, que ce soit pour donner un conseil, montrer la route, faire un sourire… Cet accueil ressuscite la vie du chemin de Saint-Jacques depuis des millénaires. Cela doit se perpétuer plus que jamais quand on connaît l'importance que prend ce chemin dans notre économie locale. Le Camino a l'ambition de jouer un rôle majeur dans cette hospitalité touristique ».

Dans une vitrine, on peut voir des livres écrits sur le chemin dédicacés par leur auteur. Parmi eux, se trouve un ouvrage particulier : « À pied vers Compostelle », de Joseph Paladilhe, premier pèlerin d'après-guerre. Sa crédenciale a été offerte au Camino. Le panneau suivant présente des exemples de pèlerins un peu particuliers, notamment, Gérard Trèves qui se surnommait lui-même « la tortue » à cause du rythme très lent de sa marche, dû aux séquelles d'une polio dont il a souffert dans son enfance. Également écrivain, il reste un grand ami de la maison où il passe de temps en temps. Il a su communiquer le virus du chemin à sa femme et à sa fille puisqu'elles sont elles-mêmes parties avec le projet d'inviter les personnes rencontrées à s'inscrire sur le fichier national des donneurs de moelle osseuse. Puis vient le témoignage d'une conversion vécue par Brigitte Alésinas, pèlerine du Saint-Jacques. Les personnes porteuses d'un handicap ont leur place sur la célèbre via Podiensis. Quelques-unes ont pu en parcourir des étapes, installées sur des fauteuils adaptés appelés joëlettes tirées grâce à un système de harnais et poussées par des volontaires. Sur une partie du panneau figure une histoire contemporaine. Le titre de ce chapitre : « Mon Camino » voudrait exprimer toute ma gratitude. Grâce à l'âme du Camino, l'aventure reprend dans deux mois exactement.

Sur le mur suivant, un panneau rappelle certaines conférences données en ce lieu au cours des années passées, dont celle de Pierre Bonnet, référent diocésain pour le chemin sur le vaste sujet du sens du pèlerinage. Déjà nommé l'ami Gérard Trèves, l'homme au chapeau fleuri aime revenir et profite de sa visite pour offrir aux amateurs de nouvelles conférences. Gaële de La Brosse, pour sa part a parlé du chemin comme une leçon de vie. L'écrivaine, également chroniqueuse, journaliste et éditrice a présenté des ouvrages dont un collectif auquel ont participé de nombreux passionnés. Remarquons aussi les expositions de tableaux de Marie-Noëlle Lapouge et du peintre chinois Lu Yongzhong, les photos d'art primées en concours et les leçons de calligraphie, et autres activités picturales ou plastiques ainsi que la pièce de théâtre de Fabienne Verdier : Citron confit.

L'expression musicale n'a pas été oubliée avec une importante variété de concerts allant du classique au jazz, de la chanson française à la tradition slave, enchantant certains soirs d'été les randonneurs de passage dans le jardin parfumé d'effluves de roses anciennes. Au départ du Puy, sous l'aile de la cathédrale, notre Camino attire bien des Ponots qui trouvent plaisir à découvrir une magnifique maison historique tout en y rencontrant des acteurs qui leur offrent temps et bienveillance.

XI
Sacré paradoxe

Si vous avez déjà cheminé avec nous au cours de la première partie de cette aventure, vous avez fait une halte dans notre Salon de lecture qui se tient une fois par mois à la maison de quartier de Guitard. Même si ce salon a lui aussi payé son tribut en termes de participants au virus contemporain, quelques auteurs résistent bravement, toujours gentiment coachés par Bruno, fidèle animateur et généreux entraîneur du groupe. Un mercredi matin par mois, chacune et chacun savoure des textes d'une rare authenticité. Petit à petit, je découvre qu'au cours de plusieurs décennies d'existence, ce cercle d'amis a produit des milliers de pages dont des centaines ont été publiées et même mises en scène dans plusieurs festivals de théâtre en France et à l'étranger. La dernière représentation qui ne remonte qu'au mois de mars, a brillé tant par sa simplicité que par la profondeur des textes lus par leurs autrices. Une cinquantaine d'auditeurs ont ainsi pu vibrer sous la chaleur des histoires vraies qui ont été racontées. J'ai découvert qu'il existait à nos portes des soirées grandioses par leur discrétion, leur vérité et leur humanité. Si le terme de salon peut paraître « précieux », je peux certifier que le qualificatif de précieux n'est en rien usurpé du point de vue de la richesse des œuvres produites !

Mon chemin passe aussi par ce champ d'étoiles-là. Il m'invite à lire les textes que je choisis sur le parcours de ce témoignage. En racontant certains épisodes de notre aventure dans ce lieu ouvert à une parole de vérité, j'ose y parler aussi des embûches rencontrées au quotidien sans crainte du jugement des auditeurs. J'apprécie que la reconnaissance de ma vulnérabilité soit accueillie par d'autres que moi. C'est une dimension nourrissante supplémentaire sur la voie pèlerine. Mercredi dernier, après la mise en mots de ma gratitude à pouvoir partager le vécu du groupe, j'ai donc fait lire le chapitre intitulé « Malgré tout » dans lequel je tente d'élaborer la réalité que j'éprouve au sujet de ma vision. C'est alors que saisissant la raison de mon plaisir à fréquenter ce groupe, Bruno a énoncé une pensée d'Unika Zürn, artiste et écrivaine allemande qu'il se rappelle à certaines heures de sa vie : « Sans le malheur, la vie serait insupportable. » J'avoue que d'emblée cette phrase m'est apparue plombée de folie. Cependant, dans le contexte de cette assemblée, il me paraît évident que derrière le paradoxe, la radicalité de cette phrase propose un chemin empreint d'une formidable énergie de vie. Je ne sais pas encore vraiment pourquoi, mais elle résonne comme l'expression « injonction paradoxale » dont notre trio s'amusait souvent durant les étapes de l'an dernier ! Nous allons bien voir si je laisse le malheur rendre insupportable mon désir de vivre !

À l'évidence, la vie s'éprouve. Elle est une épreuve. Naître, grandir, résister au mal sous toutes ses formes, gagner sa vie à la sueur de son front, respecter la liberté des autres et les aimer, vieillir paisiblement et dignement ne sont souvent pas des choses faciles. Pourtant, sans elles, que serait la vie ? Bien malin qui pourrait l'imaginer en vérité. Bien sûr, le réel n'éprouve jamais personne de la même façon et tout individu n'est pas éprouvé tout au long de son existence de la même manière. Si chacun a son chemin, il le crée en même temps. Rendre supportable son sac à dos lui appartient en propre.

J'avoue porter un sac à dos bien pesant qui s'alourdit avec le temps. Mais, chaque pas appelle le suivant et ensemble, l'un après l'autre, ils tracent le chemin. Le chemin de vie ne s'arrête pas sous le poids de l'épreuve. En se déroulant, la vie s'éprouve et par là, devient possible. Hier à la radio, j'ai entendu le sociologue Edgar Morin dire que la vie était à la fois un fardeau et un cadeau. Notre volonté de réaliser le pèlerinage de Saint-Jacques de Compostelle illustre pour moi cette pensée en ce qu'elle donne un exemple qui démontre que le premier peut induire et décliner le second sous bien des visages. Lorsqu'il y a sept ans déjà, sous le titre : « Tandem et autres humanités pour aller au-delà », je tentais d'expliquer comment cette pratique m'aidait à avancer avec le handicap, je n'envisageais sûrement pas qu'elle m'inviterait non seulement à dépasser mes limites physiques et mentales, mais aussi littéraires, relationnelles et même spirituelles. Oui, sous la coquille suspendue au sac du Jacquaire, un apprenti pèlerin essaie aujourd'hui de briser sa propre coquille ! Poussé par les souffles mêlés de sa femme et de ses amis, il commence à respirer celui d'un Esprit source de vie qui lui chuchote à nouveau une citation dont il a oublié l'auteur : « Là où il y a un chemin, il y a une volonté ». J'ajoute, aujourd'hui, une absolue volonté contre la peur.

XII
Élaboration

Ce livre m'invite à l'élaboration de mon histoire. Si « Un chemin à contre peur » fut le titre de la première partie, la seconde me rapprochera du but, en éclairant une suite qui s'ouvre jour après jour, pas après pas. Au verso du panneau indiquant Saint-Jacques-de-Compostelle, il est écrit « Ose ! », dans cette direction.

En réalité grâce à ce voyage, je crois maintenant que je marchais sans le savoir vers Santiago depuis ce mois de septembre 1951 au cours duquel seule la pulsion de vie m'a tenu à bout de bras alors qu'un sort mauvais écorchait profondément ma chair de nourrisson. C'est après dix-sept jours de lutte anxieuse que médecin et infirmières me rendirent in extremis à l'amour de mes parents. Si j'en sortis guéri, je restais à jamais incapable de saisir le sens de cette terrible épreuve tant physique que psychique. Parce que j'étais trop petit pour comprendre que la déchirure du mal devait s'ouvrir entre la douleur aux entrailles et la croyance que l'absence de maman était une punition, un sentiment de peur devait pour toujours s'inscrire dans mon existence. L'insécurité s'était profondément infiltrée dans ma peau et dans mes pensées. Croyant être abandonné chaque nuit, je demeurais sur le qui-vive et désespérément, je commençais à ramer « à contre peur ». Bien plus tard, toujours ligoté par le souci, j'utilisais l'expression : « Je n'y vois pas clair », associant inconsciemment mon problème de vision à la suite insatisfaisante des événements.

Cependant, une chose très positive devait se manifester en cette occasion. La toxicose qui m'empoisonnait le sang n'était pas parvenue à avoir ma peau alors qu'en ce milieu du vingtième siècle, les bébés atteints de ce mal en mouraient presque tous. Au cours des deux semaines de lutte, l'énergie de vie qui m'habitait s'avéra la plus forte. Déjà à l'aube d'une existence gravement agressée, je m'accrochais chaque jour, sûrement aidé par l'appel à vivre de parents impuissants. Cabossé, traumatisé et taraudé jusque dans le système nerveux, je désirais déjà poursuivre le chemin entamé. Aujourd'hui, si les traces du séisme persistent, tout en sachant qu'il est terminé depuis longtemps, je ne rame pas, mais je pédale encore à contre-courant du souffle primitif craché par le méchant dragon qui voulut me dévorer. Le réservoir d'énergie dont la nature m'a gratifié dès le départ contient encore du carburant. Bien sûr, telle une vieille auto, certaines pièces souffrent de l'usure du temps et des contrôles réguliers sont nécessaires. Pourtant, les sorties restent plus fréquentes que celles des voitures de collection au rayon duquel on ne m'a pas encore rangé. Voici deux jours, arc-bouté derrière mon ami Jean-Luc pour me protéger de la fraîcheur du petit matin, j'ai une fois de plus enfilé la vallée de la Loire afin de profiter de la longue côte qui devait nous conduire au village de Roche-en-Régnier où nous attendait un superbe paysage que les pluies récentes avaient reverdi. Quelle joie de retrouver les sensations d'un entraînement plus conséquent à l'approche du grand départ. Soixante-cinq kilomètres nous ont pleinement permis de jouir de l'atmosphère des pâturages renaissants et tachetés des boules blanches et parfumées des fruitiers en fleurs. Nous avons gorgé nos poumons d'air pur et vivifiant. La grande énergie universelle a circulé dans nos corps exaltés.

Cette énergie, j'en ai pris conscience avec la pratique du Jin Shin Jyutsu dont j'ai parlé dans la première partie de ce témoignage. Grâce à elle, je me sens enfin reconnu. La force des croyances est une hideuse traîtrise. J'émerge de l'océan de vulnérabilité dans lequel je me croyais prisonnier depuis le drame personnel que je raconte dans ce chapitre. Parce qu'il avait conscience de sa terrible souffrance, l'arrachement du nourrisson agonisant à la consolation de sa maman seize nuits durant était chose totalement inhumaine. Il est prouvé que de très petits enfants privés d'affection sont morts à l'hôpital. Heureusement pour moi qu'une visite maternelle était autorisée dans la journée. Seule la pulsion de vie me permit d'attendre le moment de la consolation avant de pénétrer dans le tunnel des ténèbres promis pour le soir même. Sitôt reconnu, sitôt abandonné, comment le petit être que j'étais aurait-il pu se penser digne d'être aimé et promis à un avenir ? Passant le plus clair de ses nuits à réclamer en hurlant la consolation naturelle d'une mère, comment aurait-il pu expérimenter et s'ancrer dans le sentiment de confiance en lui-même ? Dorénavant, sa vie durant, il aurait besoin de se faire accepter en essayant de se montrer gentil et d'expliquer une douleur jamais totalement éradiquée. Le mensonge involontaire induit par ce point de vue enfantin a résonné à travers ses émotions durant des décennies. Aujourd'hui, sous la cape crasseuse d'un fantôme obstiné, se perpétue la menace mortifère. Il est des souffrances que l'on ne parvient pas à déposer entre les mains d'autrui. Mais bien que rarissimes, infiniment précieuses sont les oreilles capables d'entendre ce genre d'histoire. Si le plus grand nombre s'avère sourd parce qu'impuissant à aider, il admire le courage d'un grand garçon pédaleur alors qu'en vérité, celui-ci parvient seulement à trouver la force et la joie d'échapper à une empreinte malheureuse inconsciemment engrammée.

XIII
Étapes en EHPAD

Commençons en chansons. Voici quelques mois, déjà en chemin, je nouais des relations enchanteresses pour le coup avec la Chorale du Bassin du Puy et donc chaque vendredi après-midi, je me suis plu à répéter avec eux des chansons françaises plutôt anciennes. J'ai alors beaucoup tendu l'oreille afin d'en mémoriser au mieux les paroles. Souvent plus expérimentés que je ne le suis, ces nouveaux amis m'ont encouragé en m'offrant une vraie place que j'occupe avec bonne volonté. Retrouvant la joie de chanter, je m'applique à donner de la voix, en pensant que même l'âge venu, certains plaisirs demeurent disponibles à la mesure de nos envies et que cela aussi donne du goût à la vie. En plus, c'est un bon moment vécu en groupe susceptible d'être partagé avec d'autres.

Vendredi dernier, Andrée, notre présidente et Jacqueline, chef de chœur accordéoniste, nous ont proposé de donner un premier concert au Patio qui regroupe les résidents de l'EHPAD de notre hôpital local. Revêtus de notre uniforme constitué d'un pantalon noir et d'une chemise blanche relevée d'un foulard rouge vif, nous nous sommes installés face à une cinquantaine de personnes afin de leur interpréter une douzaine de belles chansons dont plusieurs dataient de leurs jeunes années. Il faut peu de choses pour réveiller à la fois les sourires et la mémoire de nos anciens lorsqu'ils se retrouvent ainsi réunis bien souvent pour la dernière étape de l'existence. Certains chantaient, d'autres applaudissaient pendant que plusieurs retrouvaient des moments heureux de leur jeunesse. Par la magie du chant, l'atmosphère parfois pesante de ce type d'établissement s'allégeait et égayait leur après-midi autant que le nôtre. Par ici, le chemin passe aussi en attendant plusieurs étapes dans des établissements du même genre. La pratique du tandem « donne de l'air » comme le dit mon pilote entraîneur. Et il aime rajouter : « comme cela ce soir, à la chorale, tu enverras de l'air » ! Deux semaines plus tard, Jacqueline me prenait dans sa voiture avec Colette pour rejoindre le groupe à la maison de retraite de Beaulieu, joli village comme l'indique son nom, dans la large vallée de la Loire. Me sentant fatigué et encore chagriné par la perte d'une double télécommande au cours de notre sortie de l'avant-veille dans le Val d'Allier, j'attendais ce nouvel après-midi de chansons pour m'aider à retrouver les rails d'un entrain communicatif au sein de notre ensemble choral. Réduit à treize chanteurs ce jour-là, le groupe privé de certains de ses membres se devait d'afficher une qualité supérieure de ses capacités vocales, vu la participation enthousiaste des résidents. Les devinant heureux d'écouter, de taper dans les mains et de reprendre en chœur les refrains, notre chef, enchantée par l'atmosphère joyeuse de la fête, nous invitait à poursuivre la prestation en reprenant tout un lot d'anciennes chansons apparemment connues des résidents. Et voici quatre-vingts personnes emportées une demi-heure supplémentaire dans le tourbillon des souvenirs heureux retrouvés. Magnifique surprise pour moi de prendre conscience que dans les établissements pour personnes âgées, des moments de bonheur existent grâce au plaisir tout simple de la chanson, mais très sûrement aussi grâce à tous ceux qui y travaillent et animent des activités, secondés par les nombreux visiteurs qui cultivent la fraternité avec nos anciens.

Quatre jours plus tard, c'est avec Gilles et Alain que nous nous retrouvons dans une autre maison de retraite dans le but d'assurer une heure d'animation en venant raconter la première partie de notre pèlerinage. Dans cette illustre maison des sœurs de Saint-Joseph qui fut très longtemps réservée à l'éducation des jeunes filles, nous avons rejoint vingt religieuses de la communauté ainsi que quelques laïques accompagnées par trois aides–soignantes installées dans une grande salle équipée de l'écran nécessaire à la projection de nos photos. Finalement, deux heures durant, ces vieilles dames dont une forte proportion d'ex-enseignantes se montrées intéressées par nos témoignages assortis des nombreux traits d'humour coutumiers à notre trio. Je crois que nous sommes parvenus à leur communiquer ce fameux esprit de solidarité vécu sur le chemin. Tous les trois, nous avons ressenti le plaisir d'offrir un peu de notre temps dans la joie de revivre les bons moments partagés l'an dernier.

La semaine suivante, ce seront les résidents de la bien nommée EHPAD Bel Horizon qui nous feront l'honneur de leur attention. Les trois orateurs commençant à trouver l'aisance ont suscité maintes questions et de nombreux éclats de rire. Étonné par ma verve inattendue, Gilles m'a furtivement fait remarquer que je me montrais excellent en One man Show ! Pourtant, Lionel, en animateur attentif, s'adressait à Francis en le voyant arriver. Me prenant en exemple, il essaya de l'inviter en tant que non-voyant, à savoir demander de l'aide aux soignants. Le spectacle se poursuivant à l'occasion d'un goûter partagé, j'ai alors compris que nous avions éveillé les bons souvenirs et l'émotion chez ces personnes dont la vie a connu bien des heures intenses, souvent malheureusement devenues rares en cette étape du grand âge. En laissant serrer ma main au fil des tables visitées, j'ai accueilli des mercis baignés de larmes. Au sein de l'Esprit du chemin se mêlent la joie et la tristesse. Rejoignant la table de mes amis, je m'asseyais sans le savoir à côté d'un monsieur se tenant étonnamment droit sur son siège. Répondant très brièvement aux questions, je compris sa résistance à une grande souffrance par l'édification d'un véritable mur corporel. Ne pouvant apercevoir son regard, je ne compris pas qu'il s'agissait de Francis et cela reste un regret pour moi. Il existe des mécanismes de défense très empreints de dignité. Ils sont à respecter.

Il y a dix ans que maman nous a quittés. Pendant dix années également, je lui ai rendu régulièrement visite à la maison de retraite de Lantriac. Il m'arrivait de le faire seul sur mon vélo road offert par mes collègues à l'occasion de mon départ en retraite. Aussi, c'est avec émotion que j'ai accompagné notre chorale en ce lieu pour le premier concert de la rentrée. En juin 2012, je n'aurais pas imaginé qu'un jour viendrait où la chanson et le tandem m'offriraient la tournée auprès de ces nombreux anciens pour une après-midi de détente joyeuse.

XIV
Tandem solidaire

Notre tandem est solidaire, car voici notre sympathique trio engagé au côté d'autres cyclos qui roulent depuis 2015 pour la noble cause de la recherche médicale ainsi que pour aider à la réinsertion des personnes après l'épreuve du cancer. Pensant que le sport peut aider les malades en rémission, les médecins les encouragent à la pratique sportive. Leur association s'appelle « Cyclo cancer ». Depuis 2015, elle a organisé une dizaine de journées sportives qui lui ont permis de récolter plus de cinquante-trois mille euros généreusement offerts par de nombreux sponsors. C'est ainsi que cette année, une équipe formée de cinq cyclistes a quitté Rouen avec l'objectif de rallier Montélimar en cinq étapes.

C'est à l'occasion d'une visite à Isabelle et Mathilde dans leur permanence yssingelaise que nous avons été invités à rejoindre les courageux coureurs lors de leur passage dans la Cité aux cinq coqs, ville dans laquelle habite notre députée altiligérienne.

Je ne sais si c'est à cause du bouquet de lilas que nous avions pris soin de cueillir afin de ne pas arriver les mains vides, mais quel contraste entre la grisaille humide du temps et la chaleur avec laquelle nous avons été reçus à la permanence et en mairie par Jean-Pierre, premier magistrat de la sous-préfecture. Alors que nous discutions avec nos hôtes attentionnés, la team normande, qui avait été rejointe à Craponne-sur-Arzon par trois représentants du club cycliste local, est arrivée au pied des marches de l'hôtel de ville où une responsable de la même association du Sud de la France les attendait en compagnie de deux épouses engagées pour l'assistance. Ce fut le moment d'échange de vigoureuses poignées de mains dans la joie immortalisée par la photo du groupe, dont certains membres apportaient des bouffées de souffle frais pendant que d'autres se sentaient heureux de vivre une rencontre pour la bonne cause. Merci Monsieur le maire de nous avoir réunis autour d'un plateau-repas prometteur d'énergie pour onze pédaleurs attendus à Saint-Agrève en milieu d'après-midi.

À notre tour de nous y coller. Dès quatorze heures, sous le blason des cinq coqs représentant la cité, c'est le capitaine Alain qui prend le manche. Il faut dire que notre Gilles, dont l'humilité « n'en craint point », avait osé réclamer la place de premier guidon pour pénétrer en vainqueur dans la ville qui le vit naître il y a quelques décennies. Me laissant, comme d'habitude, sur le siège arrière pour la totalité de l'étape, ils avaient convenu d'échanger les manettes à mi-parcours. La course du jour marquant leur reprise du tandem après onze mois de vacances, je m'attendais à devoir les inviter à plus de velléité pour parcourir les quarante-cinq kilomètres de collines et de vallons nous séparant de l'arrivée. Mais je n'avais pas imaginé que leur fierté les avait déjà invités à se préparer sérieusement à l'épreuve. Sans me donner le choix du rythme de pédalage, ils ont adoré « se tirer la bourre » avec les coursiers des deux autres équipes, engagées depuis le matin. À chaque descente, aidés par notre double poids, nous nous sommes appliqués à leur en mettre plein la vue. Pourtant, c'est au sommet de la côte suivante que nous devions nous résoudre à accepter d'être attendus. Une fois encore, les plateaux verdoyants, boisés et fleuris entre Tence et le Chambon-sur-Lignon se sont régalés à voir passer des amoureux de la petite reine. Nous avons été comblés de reconnaissance à traverser ces hautes terres si discrètes au sujet de leur valeureux passé.

Après deux heures de pédalage intensif, mes jambes devaient savourer le macadam du parking de l'hôpital de Saint-Agrève où un second comité d'accueil avait préparé un goûter aux jus de fruits et biscuits reconstituants que nous avons savourés en écoutant les remerciements des responsables et du directeur de l'établissement nous parler du projet d'expansion de leur belle maison de soin. C'est à cette occasion que j'ai eu le plaisir de bavarder avec Didier, ce courageux non-voyant ardéchois qui depuis des décennies occupe les podiums des compétitions destinées aux pratiquants de tandem. Je me suis plu à bavarder matériel avec ce grand sportif nommé ambassadeur des handicapés pour la région Auvergne-Rhône-Alpes par son président. C'est à ce titre que cet infatigable cycliste promeut la pratique sportive pour les personnes porteuses de handicap en parcourant les établissements d'enseignement et d'éducation ainsi que les lieux où il faut soutenir ou prendre la défense de ceux que le sort a maltraités dans ce domaine. Merci Didier de faire le job pour nous !

XV
Le rappel de Guillaume Néri

Guillaume, sans le savoir, tu m'as rappelé deux points essentiels, même si nos activités sont bien différentes. Je suis en effet en train d'écouter ton dernier livre intitulé : Nature aquatique, dans lequel tu racontes ton vécu d'apnéiste. Ce type de plongée profonde étant très risquée, tu expliques que tu as recours à une concentration absolue tout au long de l'épreuve et tu parles de ta capacité à t'abandonner totalement au milieu marin dans lequel tu t'immerges. Grâce à cette détermination sans faille et à force d'entraînement, tu as atteint le record de cent vingt-six mètres de profondeur en palmant d'abord durant les trente mètres à la suite desquels tu te laisses littéralement happer par l'abîme dans un sentiment de confiance hors du commun. Au risque d'y laisser ta vie, aucun compromis n'étant acceptable à l'encontre des règles de ce sport, toi tu acceptes de te soumettre à celles-ci en toute vérité. Une soumission absolue aux exigences de cet art dont la pratique t'apporte la joie.

Si comme toi, je ne choisis pas l'épreuve, ton comportement me parle au plus profond de l'être. Entraîné au cœur de l'écume nommée cataracte par le diagnostic de mon ophtalmo, qui ne veut pas opérer avant le mois de juillet, je suis contraint d'affronter une triple pathologie oculaire qui pourrait se comparer à la vision quasi nulle de la limite que tu atteins en plongeant et en retenant ton souffle pendant trois minutes trente secondes environ. Je reçois cinq sur cinq les deux principales règles de l'épreuve, concentration et abandon, avec la différence que malgré mes nombreux entraînements, il me faut encore travailler la première si je ne veux pas me laisser submerger par la vague alors que librement, tu acceptes de te laisser avaler par la mer.

Depuis la première partie de ce témoignage, toute mon écriture le dit, nos démarches ont des points communs qui m'invitent à penser le sens de mon chemin. Mais si le travail de concentration vient souvent m'épauler sur mon trajet, je reconnais que l'acceptation et le ressenti d'abandon restent captifs dans le domaine du rêve. Quelle mystérieuse force t'autorise à quitter la peur de mourir pour te laisser attirer par un abîme qui ressemble au néant ? Je refuse la peur puisque j'ai intitulé ce livre « Un chemin à contre-peur ». Toi, non seulement tu acceptes, mais tu abandonnes toute lutte. En plus, pour cela, tu décides de bloquer temporairement ta respiration, ce qui va à l'encontre ordinaire de la vie. Si je cherche à respirer consciemment pour sentir la vie, toi, tu retiens volontairement l'air afin de te sentir vivre avec plus d'intensité. Il te faut la sensation de retenir la vie pour qu'elle t'appelle plus fort encore. Mais un jour, l'expérience de la syncope t'a ordonné de quitter le jeu. En ce qui me concerne, j'ai aussi, en quelque sorte, décrit un sentiment de « qui vive ». Mais celui-ci m'est imposé.

Je comprends que l'incident dont tu as été victime, en stoppant la poursuite des records, te fait tourner le dos à une prise inconsidérée de risques. Tu as donc fini par accepter une limite au dépassement de tes possibilités. Il reste, pour moi, la leçon selon laquelle la concentration t'a évité la peur et t'a autorisé à explorer ce monde obscur qui ressemble à celui de la cécité. La présence à toutes les sensations t'a évité la panique et t'a permis en même temps de vivre l'abandon.

En écrivant cela, j'imagine que mon pèlerinage pourrait m'offrir l'opportunité de quitter le quotidien pour m'en aller plonger, au risque de la fatigue à dépasser, dans l'inconnu d'un océan de sensations auxquelles, minute après minute, je devrai m'accrocher si je veux connaître la joie de réaliser mon projet presque trois années après en avoir eu l'idée. Parvenu à cet état de dégradation visuelle, j'ai la conviction que je ne pourrai traverser l'épreuve qu'en demeurant ancré dans l'accueil totalement accepté de l'abîme d'inconnu qui m'appelle. L'acceptation sera le fruit des pures sensations de détente, y compris dans la douleur, et de respiration.

En réalité, que sais-je vraiment de cet abîme ? Et si, une fois arrivé en son sein, je me rendais compte qu'il ne m'a pas digéré ? Ne serait-ce pas la lutte ou la résistance qui me ferait peur ? N'est-ce pas un relent de pensée mensongère qui me pousse à croire que le réel est inacceptable ?

Maintenant, je pars rejoindre le Camino en décidant d'avancer à travers les rues recouvertes d'un voile, le cœur léger. Pour ce faire, je décide que tout au long du trajet, j'avancerai, comme Guillaume, en détendant mes épaules, mais en ajoutant de longues expirations afin de laisser se dissoudre la pression qui voudrait les ligoter… Immédiatement, je goûterai l'inspiration qui s'ensuit afin d'y rencontrer la vie comme la vague qui baigne chaque cellule de mon corps.

XVI
Le chemin continue

Il existe bien ce chemin. Nous l'avons parcouru et il nous a nourris. Bien sûr, une fois encore, la loi du réel s'est imposée plus forte que celle que l'imagination avait envisagée. Dans un premier temps, le mental semble déçu devant ce qu'il lui a été donné à vivre sur le Camino Francès. Les aspects concrets d'une route tour à tour brûlante ou détrempée, ponctuée d'endroits où le brassage rapide de milliers de randonneurs parfois touristes, mais plus souvent pèlerins éventuellement non déclarés, le sentiment qu'une chaleur humaine manquait dans certains lieux d'hébergement, les décors richement tarabiscotés offerts par l'ensemble cathédral de la métropole Saint-Jacques-de-Compostelle, les terrasses fort bruyantes des bars remplis de clients joyeux, voilà ce dont, au premier abord, j'ai pu capter de l'environnement. Cependant, étant convaincu que « l'essentiel est invisible pour les yeux », je pressens déjà les multiples saveurs que ce voyage initiatique me dévoilera petit à petit grâce aux empreintes subtilement engrammées dans mon corps, mon cœur et mon âme par les attitudes d'abandon, de confiance et de présence que j'ai vécues. Décidément, par quel mystère les hypothétiques reliques d'un Saint pourtant majeur attirent-elles une foule aussi immense qu'hétéroclite ? Peut-être leurs forces d'attraction résident-elles dans la réponse du mystère révélé par l'insatisfaction commune à toute âme humaine ? Une semaine après notre retour, le désir de creuser ce que représente le chemin contribue à la poursuite de l'élaboration du sens emprunté par ma vie.

Je revois la borne du kilomètre zéro fichée au point situé le plus à l'Ouest du vieux continent. En tournant le dos à l'océan parsemé d'abîmes que les anciens peuplaient des monstres de leurs peurs, j'ai senti sous mes pieds la solidité du sol dans la direction opposée, là où le soleil de l'avenir se lève chaque jour pour nous les hommes. En ce point géographique initial où semble commencer le monde, me voici sensoriellement et spirituellement invité à marcher en quête de réponses. Juste avant notre départ, je tirais un enseignement d'une plongée en eau profonde concluant l'introduction de la préparation de la seconde partie de notre voyage.

Ce matin même, en fixant la date de la petite intervention chirurgicale au mois prochain, l'ophtalmologiste me faisait part de son espoir que celle-ci apporterait un peu de clarté à ma vision. En même temps, l'intensité de l'épreuve physique qu'ensemble nous avons traversée m'a ouvert à la possibilité d'un lâcher-prise de mes peurs. Je vois comme un signe dans la concomitance de ces deux événements. L'Esprit du chemin souffle fort sur le brouillard enveloppant les choses et les pensées de ma vie. De la même façon qu'en septembre 2019 j'expliquais en avant-propos de ce témoignage qu'il me fallait un projet, j'ai le plaisir de constater que ce projet continue à me porter, même si les quinze cents kilomètres ont été déjà parcourus. La véritable réalisation réside bien dans le dépassement quotidien de soi-même, c'est-à-dire de ce soi qui nous laisse toujours insatisfait d'être retourné sur lui-même. Debout, au point zéro de notre troisième départ, j'entrevois dans la vacuité des neuf cents kilomètres parcourus cette année une nourriture qui comblera la suite d'un pèlerinage d'un homme comme un autre. Le manque existe pour être comblé.

XVII
Première étape

De Saint-Jean-Pied-de-Port à Espinal

Tu seras un pèlerin, mon fils.

Avec ce nouveau départ sur les pages d'un témoignage, ami lecteur, les étapes vont encore prendre la route des ressentis expérimentés et des espoirs qu'ils susciteront. Je resterai fidèle à des anecdotes jalonnant le trajet pour nous situer dans le temps et les lieux, mais je devine déjà que j'insisterai particulièrement sur le voyage de l'esprit du pédaleur-pèlerin.

En ce quatorze juin, après un échauffement consistant à refaire le trajet de l'an dernier entre Navarrenx et Saint-Jean-Pied-de-Port, nous voici très vite dans le dur assaut du col de Roncevaux. Si nous nous attendions à la résistance d'un lacet long d'une vingtaine de kilomètres, nous n'avions pas prévu que la canicule avait décidé d'être du voyage. Elle allait peser avec nous sur les pédales du tandem ainsi que sur celles du vélo d'assistance tractant le couffin à roulettes chargé de trois bagages et d'une roue de secours en cas de démission du moteur électrique apportant une aide indispensable aux mollets du pilote qui attend son tour pour passer au guidon du tandem. Désirant conserver son moteur, il devrait éviter d'utiliser toute sa puissance en faisant la « danseuse » du cycliste dans les côtes tout au long d'une semaine s'annonçant torride. Devant moi, le brave cocher qui n'a pas eu autant que son binôme le loisir de pratiquer un entraînement régulier va se donner jusqu'au bout de ses forces, contraint de quémander plusieurs mises à pied sur le bitume brûlant de la route conduisant à la frontière espagnole. Il s'en excuse régulièrement, ignorant que son compagnon de galère est ravi lui aussi de descendre de la monture dont les selles grincent sous l'effet de la force mécanique qui leur est imposée. Même si dans sa hâte d'être rassuré sur la résistance de son moteur, notre chef d'escadron avait décidé de nous « mettre à la rue », comme on dit dans le jargon coursier, le constat de notre longue absence à ses côtés, allait l'inviter à nous attendre sous une ombre bienfaisante avant le mur final des quatre derniers kilomètres.

C'est dans un ultime coup de reins rageur que les sept cents mètres de dénivelé sont aspirés par nos poumons et nos tripes. Au bout d'une demi-heure, haletants et dégoulinants, les trois vétérans atteignent la chapelle d'Ibaneta dont l'architecture rappelle la forme des aiguilles pyrénéennes. Le coup de chaleur s'éteint brusquement dans la légère brume qui flotte au-dessus du clocher et c'est sur la pelouse encore humide, parsemée de ces milliers de petites fleurs des hautes montagnes que mon capitaine s'allonge et écarte les bras pour capter la fraîcheur des longues herbes et reprendre plus facilement son souffle. La pâleur de son visage m'effraie et, sans réfléchir, je m'agenouille et pose mes doigts sur les points énergétiques que je connais avec l'objectif de soutenir les battements du cœur comme le préconise le Jin Shin Jyutsu. Traduit en bon français, cela signifie : l'art du créateur à travers l'homme de compassion. C'est le bon moment pour y croire ! J'y crois tellement que même si je suis convaincu de la force athlétique de mon ami, il vaut mieux prévenir que guérir. En quelques minutes, la peau du vainqueur retrouve ses couleurs et nous le sentons d'accord pour partager le casse-croûte que le chef vient de déballer. Même pas peur, à cette heure, nous pensons nous être définitivement débarrassés du barrage des Pyrénées.

— « Hello » ! En ce magnifique lieu du chemin international, un couple de Californiens s'approche pour nous expliquer qu'ils n'ont plus d'eau. Heureux de leur tendre une de nos bouteilles, Alain ne sait pas encore que nous serons étonnés de faire la connaissance d'une trentaine d'autres Américains très joyeux, ce même soir au cours de notre première étape à Espinal. Pour avoir donné un peu d'eau, nous avons eu la preuve que sur ce chemin, se rencontre tout simplement le monde entier.

Ainsi, à l'inverse de la descente à la sortie de la cathédrale du Puy, le chemin débute par une élévation physique proposant un véritable dépassement mental de nos habitudes musculaires. C'est à l'arrache que nous nous sommes élevés jusqu'à cette chapelle trônant comme symbole de la direction et de la dimension que nous prenons, qu'elle soit d'ordre spirituel ou simplement forte en termes d'humanité. Comme Gilles l'avouera un soir de grande fatigue, « il y a tellement de moyens de transport plus aisés pour se rendre à Saint-Jacques, pourquoi donc s'épuiser de la sorte » ? Il a raison, si nous considérons que le penchant le plus naturel de l'être humain préfère la loi du moindre effort lorsqu'il peut éviter de s'épuiser ! Qu'est-ce qui fait naître cette volonté de vaincre des sommets, de mieux comprendre ce que l'on ignore ou de chercher à toucher à une autre dimension ? Alain et Gilles s'investissent en temps, en énergie et en attention pour la deuxième année consécutive. Ce don de soi m'offre déjà la conviction que je suis reconnu et digne d'être assisté dans ma demande, tout en me révélant assez courageux pour répondre honorablement aux efforts qu'ils multiplient sans compter. Alors, s'éveille en moi le désir de faire ma part. En ces instants, nous sommes « comme trois en un ». Il y a de l'Esprit qui circule là-dedans ; nous nous trouvons bien sur le Saint-Jacques.

J'ose même parler de miracle, puisque, aujourd'hui, j'avoue ne pas avoir ressenti le handicap d'une façon aussi pesante que d'habitude. Tout en restant conscient de l'importante gêne qu'il suscite, je ne l'ai pas perçu comme agressif. Ceci me prouve l'importance qu'il y a à caresser les beaux projets, pourvoyeurs de précieux moments intenses ou joyeux… Ce sont des moteurs efficaces pour avancer sur le chemin souvent chaotique de l'existence.

Un mois s'est écoulé depuis notre retour. Une naissance se prépare. En ce nouveau jour qui s'annonce caniculaire, le programme est simple. En premier lieu, le pèlerin veut conserver la vélocité de ses jambes en pratiquant cinquante minutes de home trainer tant que l'ardeur du soleil n'a pas encore plombé la surface de la terrasse. Depuis des semaines, la canicule qui s'est installée détache déjà les feuilles par milliers. Il faut se rendre à l'évidence. Une page magnifique du grand projet est tournée. Une personne de ma famille m'a récemment fait une remarque, sûrement anodine pour elle, mais qui m'a déstabilisé. « Tu as fait ton Saint-Jacques et maintenant, qu'est-ce que ça change ? » Dans un sens, je reconnais qu'elle a raison. Le quotidien des jours revient forcément. Sauf qu'elle ne peut pas imaginer le mystère imprimé en mon être. Je ne veux pas me laisser impressionner par l'automne précoce si menaçant de sécheresse que les jours à venir devraient avoir une couleur aussi terne qu'ils l'étaient avant. Mon pèlerinage m'a donné une énergie nouvelle. Aux prémices de pensée nostalgique s'oppose une réaction de refus. La volonté est là. Elle me suggère d'empoigner le manche. Je décide qu'à cette heure, ce sera celui du manche à balai et me lance illico dans le balayage des feuilles mortes en même temps que de celui des doutes. Le vrai pèlerin ne fléchit pas.

Après quelques semaines de maturation, il est temps de reposer les doigts sur le clavier. Ce matin, j'ai reçu les quarante exemplaires prévus en avant-première de l'édition de mon livre relatant la partie française du pèlerinage. J'en offrirai la moitié à ma famille et à tous les amis qui m'ont soutenu. En écrivant ma première dédicace, j'ai l'impression de ne plus savoir le faire avec le stylo. Il faut lâcher prise même si ma main hésite à aligner les mots à l'horizontale. Heureusement que la technique informatique adaptée supplée à mes difficultés visuelles. Assis dans le fauteuil de la responsable du Camino, l'auteur maladroit s'adresse intérieurement au ciel afin qu'il l'inspire sur la meilleure pensée de reconnaissance à écrire pour la personne à qui elle est dédiée. Une heure auparavant, comme un papa recevant pour la première fois son bébé dans les bras, je l'ai présenté à mon libraire habituel en redoutant qu'il ne le refuse. Devant son accueil souriant, le guerrier de papier a conclu que le ciel avait anticipé sa prière. Il est des moments où tout s'emmêle entre les peurs et les colères du passé et l'intensité de la joie ressentie. Quelque chose lui dit que cela n'est pas étonnant si ses yeux ne voient pas clair. Le lâcher-prise sincère demande un sacré boulot. Faut-il aussi abandonner tout contrôle de ses connaissances cartésiennes pour pouvoir accéder à « cet essentiel invisible pour les yeux » ?

Le lâcher-prise, je m'y suis pourtant entraîné au cours de mon pèlerinage. La première semaine, dans les interminables pentes des cols pyrénéens autant qu'au long des dizaines de kilomètres où il fallait décoller les pneus du bitume brûlant, frôlé par les longs camions lancés à cent kilomètres par heure, il a bien fallu lâcher la pensée de cracher le stent posé dans une artère tout près du cœur après l'infarctus du 31 juillet 2016 même si on aurait pu le récupérer dans la poche dorsale du maillot de mon pilote et me le faire replacer par le SAMU espagnol, mais la décision de se moquer de cette éventualité a prévalu parce qu'il est possible de ne pas penser au pire lorsque l'énergie et la détermination du pèlerin l'emportent, même si ça cogne fort dans la poitrine et sur la nuque. On peut aussi penser aux deux amis à la face rougie qui sont peut-être en train de donner leur vie pour vous ! Lors de l'arrivée mouillée au-dessus de Compostelle, en zigzagant dans le bois d'eucalyptus, entre les marcheurs empressés, ça pinçait fort dans les lombaires malmenées au point que la selle de cuir se défilait sous les fesses. Sans pour autant abandonner les gémissements, l'attraction mystérieuse du sanctuaire à portée de la main a totalement effacé l'idée de s'arrêter ; une transmutation inimaginable dans les pensées d'un ex-trembleur. Je me dis : « la main tenant le but, c'est maintenant que je renais ! »

XVIII
Deuxième étape

D'Espinal à Muruzabal

Cette fois, la conquête espagnole a vraiment débuté puisque la célèbre Pampelune fait partie du programme. Nous abordons la grande ville avec un peu d'appréhension parce que notre destrier se débrouille mieux sur les routes de campagne qu'au cœur d'une cité avec le ballet incessant de la circulation, la succession d'énormes et bruyants ronds-points sur lesquels les équipages risquent de se perdre de vue s'ils ne collent pas l'un à l'autre tout en cherchant la direction d'un chemin plutôt matérialisé pour les marcheurs que pour les cyclistes. Nous aimerions trouver la gare, car il serait rassurant de réserver les billets pour le retour que nous avons prévu d'effectuer en train. Il faut savoir que ce moyen est adéquat vu que les trajets en avion baladent leurs clients dans des escales françaises ou européennes tout à fait incohérentes dans une période où la pollution atmosphérique devient si dangereuse. Nous avions aussi écarté la solution des compagnies de bus trop contraignante avec ses dix-sept heures de voyage en position repliée sur un fauteuil. Ainsi, ce jour-là, une heure durant notre équipage va commencer par tournicoter sous un soleil qui a bien entamé son boulot de pompe à chaleur haute performance, alors qu'une après-midi entière nous attend, avec semble-t-il une longue ascension en direction de crêtes sur lesquelles trône un champ d'éoliennes. Finalement, les pèlerins-cyclistes, agacés par leur inexpérience du trafic citadin, finissent par demander l'aide d'un vieux confrère en costume de coureur. Qui se ressemble s'assemble plus facilement ! La gare est encore loin, mais ce brave vétéran va gentiment s'appliquer à nous guider jusqu'à la « estacion » si longuement recherchée. La leçon nous aura appris à savoir demander au lieu de se comporter en « conquistadores ». Un premier signe qui montre qu'ici aussi on rencontre l'Esprit du chemin. C'est un soulagement de savoir que nos billets de retour se trouvent déjà rangés dans le portefeuille, au moins jusqu'à l'approche des Pyrénées, étant donné qu'il faudra repasser Roncevaux, route la plus pratique en direction de Navarrenx où notre véhicule nous attend dans un local appartenant à la brasserie Shakespeare tenue par David et Lindy dont nous avons apprécié la gentillesse l'année dernière. Mais nous ne savons pas encore par quel moyen nous y retournerons puisque les rails s'arrêtent à Pampelune.

Avant de repartir, nous décidons de passer par le quartier ancien afin d'y admirer la cathédrale à la façade de style néo-classique, espérant surtout goûter un peu de fraîcheur avant d'entamer l'ascension du col de Perdon jusqu'aux éoliennes. Mais le monument que nous pensions accueillant nous offrirait sa paix du Christ à la condition que nous acceptions de régler un droit d'accès s'élevant à cinq euros chacun. Il n'en faut pas plus pour nous faire tourner les talons, considérant que cette redevance n'est pas dans l'esprit que nous recherchons ! Nous allons en avoir pour notre argent en kilomètres hérissés de chaleur et mouillés de gouttes de sueur. En ce lieu, le pèlerin paie de sa peine sa prétention à une hypothétique Compostella. Heureusement qu'une fois le tribut réglé à la barrière de géantes aux ailes chantantes alignées sur la crête, nous profitons de la récompense qui se présente sous la forme d'une longue descente qui nous conduit au village d'Astrain où nous jouirons d'une halte très rafraîchissante. Ici, alors que Gilles avoue un moral en berne, je découvre derrière l'église un lavoir dans lequel nous allons longuement nous ragaillardir. Puis, la route finit par nous conduire à Muruzabal où nous rejoignons le confortable gîte de Mendizabal dont le premier fauteuil aperçu sera le témoin de mon affaissement. La splendide sensation ruisselante de la douche fera vite passer au second plan l'exiguïté de notre chambre. De toute façon, l'envie de promenade touristique ne se fait pas sentir, considérant que le café restaurant devient notre unique réclamation avant le coucher réparateur des pèlerins désireux d'être en état de repartir le lendemain. La « tortilla con patatas » va nous combler d'aise, vu que des griottiers nous proposent un dessert très bio devant l'entrée du gîte. Dès le lever du jour suivant, en quelques bonds débordants d'énergie, nous revoici attablés dans le café où les gentils patrons nous gratifient d'un double petit déjeuner pour le prix d'un. Je souris en pensant que les nourritures terrestres reviennent moins chères que les nourritures sacrées de Pampelune.

Dès huit heures du matin, la troisième étape s'inscrit dans l'Esprit du chemin grâce à ces bons Espagnols qui préfèrent offrir gratuitement le plein de carburant nécessaire aux trois pèlerins en vue de leur journée remplie de kilomètres qui s'annoncent à nouveau trop inondés d'une interminable vague de chaleur.

XIX
Troisième étape

De Muruzabal à Navarrete

Qu'il est long le chemin !

Si nous avions su, malgré le besoin de récupération, nous n'aurions pas attendu neuf heures trente pour quitter le gîte, car cette journée s'avérera la plus éprouvante de notre périple. Autour de midi, je me serais bien attardé à Logrono, si souvent mentionnée dans les ouvrages-témoignages que mon épouse m'avait lus au cours de la préparation de notre voyage. Mes amis ont l'air d'accord pour reprendre la route et respectant leur décision, je n'ai pas d'autre option que de me montrer partant, bien conscient d'être le premier bénéficiaire de l'équipe tout en comprenant leur choix de quitter cette grande ville sachant qu'en ce troisième jour la fatigue commence à se faire sentir et que la chaleur risque de se montrer proportionnelle au nombre de kilomètres restant à couvrir dans l'après-midi. Peut-être, la cité se montre-t-elle vexée de voir notre empressement inadapté pour des pèlerins, car elle ne va pas nous laisser nous échapper facilement. Les balises de la voie de Saint-Jacques refusent de croiser le regard de mes guides et nous refaisons plusieurs fois le tour des vastes ronds-points pour finir par nous arrêter et utiliser notre espagnol approximatif pour nous entendre répondre des renseignements contradictoires. Le vélo veut se transmuter en galère ! Commence une longue suite de déboires au long d'un parcours ponctué de souffrances physiques, d'erreurs agaçantes, de colères pour cette région qui nous paraît pour le coup inhospitalière ! Vers 17 heures, cependant, une brèche semble s'ouvrir et nous remettre sur le chemin au bord d'un plan d'eau, annonciateur de nature et d'échappatoires à la fournaise des larges axes routiers, mais il débouche sur un sentier de chèvres plus propice aux marcheurs pour traverser un bois au cœur duquel nous nous égarons encore une fois. Le camino s'est transformé en un chemin d'errance durant quatre heures avant que nous parvenions exténués au village de Navarette. Sans que cela nous soit signifié, nous débouchons sur un chantier où s'entrelacent, énormes remblais, voies sans issue, ponts et autres structures désertées par toute présence humaine. Nous tournons en rond et revenons dépités à plusieurs reprises au même endroit en apercevant au loin des clochers que nous ne parvenons pas à rejoindre. Notre carte ne peut pas éclairer mes capitaines et le soleil qui descend grille notre moral. Nous maudissons ce piège à pèlerins. Ne sachant que faire, de façon toute dérisoire, je téléphone à mon copain Jean-Luc qui nous conseille de ne pas nous affoler, de manger une banane et de faire le point ! Cela me fait sourire, tout en me rappelant que nous ne sommes tout de même pas en péril. En fin de compte, comme c'était à prévoir, nous finissons par nous en sortir vers vingt et une heures trente. Cela faisait douze heures que nous pédalions ! Heureusement, notre hôtesse se montre compréhensive et attentive à notre installation. Jamais aucune douche ne nous a fait autant plaisir.

Une fois les corps décrassés, bien rasés et crémés, nous partons en quête d'un restaurant et nous nous retrouvons autour d'une belle nappe blanche sur laquelle sont déposés de fins couverts, inhabituels pour le pèlerin lambda. Tant pis pour notre bourse qui finalement ne se sentira pas en danger vu les prix raisonnables pratiqués en Espagne. Dans cette maison aussi, la patronne se montre gentille. Elle poussera même l'attention qu'elle nous porte en me gratifiant d'un frottement de la main dans le dos à chacun de ses passages. Je me sens materné et interprète cela comme un geste commercial. Même si la conversation glisse à certains moments sur une traduction gaillarde, la soirée fort reconstituante se terminera très dignement. En regardant la pendule, notre chef d'équipe déclare que si nous ne quittons pas cette table, la nuit en sera d'autant plus courte.

XX
Quatrième étape

De Navarrete à Belorado
Le lavoir olympique

Après une courte nuit, départ à sept heures en direction de Santo Domingo de la Calzada. C'est à la fin du onzième siècle qu'un certain Dominique, fatigué de se voir refouler à la porte des monastères, décide de devenir ermite d'un chemin où le pèlerin n'est pas toujours bien accueilli. Ici au bord de la chaussée, comme on peut traduire « calzada », il a l'idée de faire une route, construire un pont et bâtir un hospice. Il y a donc mille ans, l'Esprit éternel de bienveillance du Saint-Jacques se manifestait déjà.

Mais avant d'y parvenir, il faut le mériter, car ce sont les grandes chaleurs sur de longues lignes droites qui nous font éprouver l'un des aspects contraignants d'un vrai pèlerinage. Parvenus à l'entrée de cette ville, Alain, nous sentant asséchés par ce vaillant soleil qui a décidé de jouer contre notre énergie, a la bonne idée de s'arrêter pour acheter de juteuses cerises. Nous profitons de leur pulpe savoureuse à l'ombre de la sortie de la supérette. Apercevant une pharmacie de l'autre côté de la rue, je décide d'aller voir si je ne dénicherais pas quelques comprimés de glucose et de sels minéraux à dissoudre dans les bouteilles d'eau que nous avons pris soin de faire suivre dans la remorque tractée par notre transporteur à assistance électrique. Vu notre consommation du breuvage obtenu, les jours suivants, elles se sont avérées d'un bon secours. La nationale fort calorique nous invitera très vite à regagner l'ombre d'un grand pin au centre d'un rond-point bien doré par le dieu Phœbus en pleine forme. Sur cet îlot salvateur, un randonneur au vélo bardé de sacoches nous aperçoit et nous rejoint. Nous en profitons pour lui offrir une poignée de nos fruits rouges, mais surtout goûteux et fort bienvenus. Ce valeureux rouleur nous explique son itinéraire depuis la Suisse jusqu'à Malaga dans le but de rendre visite à sa mère. Bonne leçon d'amour filial et de résistance physique.

Au cours de l'après-midi, les rayons solaires trop appuyés finissent par nous contraindre à nous arrêter sous la première ombre digne de ce nom afin de profiter du moelleux d'un matelas improvisé en lisière d'un champ de seigle au bord d'une longue ligne droite mieux ajustée à de vaillants marcheurs plus sages que nous en ce jour, vu leur extrême rareté. Le cuissard hérissé des ergots piquants de la céréale, en complément de la transpiration, je remonte sur selle. Mais l'aspect agressif de cette étape ne s'en tient pas à ce seul épisode. Inquiets pour préserver nos pneus d'avoir à rouler sur un sentier caillouteux, nous prenons la décision de regagner la route qui lui est parallèle en poussant nos lourdes montures sur le terre-plein broussailleux dans le but de leur faire franchir la glissière de sécurité. Un bon moment tout de même, à Redecilla del Camino, puisque nous y découvrons un nouveau lavoir d'une dizaine de mètres de long suffisamment profond pour offrir une véritable ligne d'eau, exactement comme dans une piscine, d'autant plus qu'il est peint en bleu ciel sur toute sa longueur. Nous assistons à un superbe crawl de Gilles, réitéré à cinq ou six reprises. Apercevant son large sourire, je me demande s'il acceptera de repartir, tout en admirant sa résistance vu la différence thermique entre la chaleur de l'air et la fraîcheur de la fontaine.

Après ce temps de récréation, le relatif confort du macadam ne dure pas longtemps puisque nous approchons d'une longue file de semi-remorques, forcés de stopper sous les ordres de la Guardia Civil, étant donné que quelques dizaines de mètres en aval un brutal face à face s'est malheureusement produit entre un véhicule de tourisme et un mini bus. Les rescapés rassemblés et assis sur leur valise observent un hélicoptère approcher sur le lieu de l'accident. Nous sommes à nouveau contraints de regagner le chemin pour faciliter les secours, mais ce contretemps est peu de choses par rapport aux victimes que l'on est en train de désincarcérer. Le chemin aussi connaît ses drames. Même hors du temps, il sait comment nous y ramener.

XXI
Cinquième étape

De Belorado à Olmillos de Sasamon
Une Cosette pour hôtel de luxe

Grâce à Alain, qui se déclare comme « la Cosette de ce périple », nous retrouvons nos destriers de fer. Je ne sais s'il tient son énergie et sa réactivité du patronyme de Crocfer, mais il est toujours le premier debout à nous chatouiller les pieds pour reprendre le galop quotidien. Si je résume, nous avons la chance d'avoir avec nous une gentille servante qui n'en craint point en ce qui concerne l'entraînement des hommes de troupe. Peut-être, bénéficions-nous d'une Jeanne d'Arc qui s'ignore ! Lui, ce matin, doit se sentir à notre service. Nous, on est plus lent à la détente.

Du trajet parcouru en cette étape, je n'ai pas de souvenirs marquants. Il faut dire que les images s'imprègnent beaucoup moins dans ma mémoire. Grâce au regard, le cerveau humain possède une caméra qui engramme en permanence le film des souvenirs que nous conservons. Reconnaissons en même temps que les conditions climatiques nous aspirent trop vite vers la fin de la journée pour le repos du guerrier dès l'arrivée à l'étape. Ce matin-là ont défilé les villes de Tosentos, d'Espinosa del Camino et de Villa Francès de Montes de Ocas avant de débarquer dans la célèbre Burgos, que je regretterai également d'avoir trop fugitivement visitée. Devant la cathédrale, sur le parvis de laquelle se rassemblent les invités d'une noce, la température grimpe inexorablement. L'esprit un peu excité par le soleil, cherchant une excuse pour entrer dans l'édifice, je demande à mes capitaines si je peux aller saluer les mariés. Mais leur projet immédiat consiste en l'achat de cartes postales, car ils pensent d'abord à faire plaisir aux amis qui sont restés au pays de France. Une fois encore, je ne discute pas, en reconnaissant leur total engagement sur la voie brûlante de Saint-Jacques. De toute façon, n'étant plus un voyeur performant, je n'aurais pas admiré grand-chose dans l'édifice. Je n'insiste pas et j'obtempère à l'ordre « de repartir » en enfourchant la monture.

L'après-midi, la ville de Tarjados nous regardera passer de façon aussi indélicate et bientôt, seul le porche à l'entrée de l'allée annoncera le havre d'une imposante maison bourgeoise. Je me souviens d'une sorte de villa à colonnes, éclatante de blancheur à l'intérieur de laquelle les propriétaires ont disposé meubles de style, tapis épais sur le sol et tentures sur les murs. Nous ne savons pas si c'est le mari qui nous accueille, mais nous sommes surpris par son attitude taciturne et ses rares paroles. Peut-être a-t-il un problème que nous ignorons ? En contraste, la chambre est magnifique avec son mobilier composé de lits, fauteuils, sofas et rideaux tapissant les murs. Nous nous apprêtons à savourer la vie de château pour clôturer une journée aussi harassante que les précédentes. Je reconnais humblement que je me retrouve finalement un pèlerin plus attentif aux structures d'accueil qu'aux paysages traversés et aux monuments religieux. Bientôt, nous plongeons dans une piscine impeccablement tenue. Alain se moque de moi en me voyant affublé d'un maillot de bain enfilé à l'envers. Il ne sait pas que lorsqu'on voit très mal, il faut constamment vérifier des tas de choses. En guise d'amicale vengeance, je lui rappelle qu'il a laissé en ce lieu une serviette de bain qu'Aline lui avait prêtée au dernier moment avant notre départ !

Après le dîner, pris dans le restaurant du village, sentant les épaules de mon ami Gilles tout comme les miennes bien plombées par les kilomètres et l'atmosphère orageuse régnant en cette fin de journée, je lui propose un moment de détente, assis sur la pelouse, face à l'horizon que le crépuscule commence à recouvrir de son ombre bienfaisante. J'espère que quelques exercices d'accueil sensoriel de notre corps reçus au sein de la nature qui nous enveloppe sereinement vont nous offrir une transition reposante avant de regagner notre nid de plumes à l'étage. Nous passons une demi-heure à laisser arriver les sensations de notre corps bien posé sur le fauteuil de jardin, respirant calmement et recevant consciemment l'air du soir sur la peau. Puis, installés en contact avec nous-mêmes, je l'invite à explorer le sol en posant pieds et mains nus, avant de laisser s'inviter à nos yeux, nos oreilles et nos narines toutes les vibrations, qu'elles soient colorées, sonores ou parfumées autour de nous. Je sens petit à petit que Gilles entre dans le jeu d'une pure réceptivité si bienfaisante qu'elle met à distance les lourdeurs de la journée. Sans les commenter, nous nous laissons imprégner par les nourritures sensorielles les plus simples qui nous nettoient en nous rendant présents à cet instant précis. La magie du vittoz opère. Je suis heureux d'entendre mon copain me formuler qu'il se sent bien. Même les quelques gouttes commençant à tomber çà et là ne nous perturbent pas. Elles sont autant de perles de fraîcheur que nous savourons en toute quiétude tels des flocons de gratitude tombant d'un ciel reconnaissant.

XXII
Sixième étape

De Olmillos de Sasamon à la Morena de Ledigos
Sentiment d'être exclus d'une certaine église

Le lendemain matin, le petit déjeuner nous est servi par une hôtesse tout à fait charmante parlant un français impeccable agrémenté d'un sourire inversement proportionnel à celui de son majordome. Dans la salle à manger, le décor se montre à la hauteur de la chambre de cette villa. Le menu ravit les attentes de nos palais et de nos estomacs. Nous en profitons à la mesure de la crainte stupide de manquer de carburant nécessaire aux quatre-vingt-dix kilomètres qui nous attendent. Après les raidillons à proximité de Melga de Fermamental, si le paysage ne m'en donne pas l'information, mon odorat me laisse deviner que nous longeons un important élevage de poulets en train de nous faire la ola !

En pénétrant à Carrion de los Condes, quelle surprise de voir toutes les rues de la ville tapissées d'innombrables fleurs formant des tableaux gigantesques aux couleurs vives et contrastées et aux motifs religieux variés. Une foule incroyable et endimanchée peuple les trottoirs et envahit les bars. Quêtant des renseignements, nous comprenons qu'en ce jour de la Fête-Dieu il s'agit de la célébration de la communion rassemblant les enfants et leurs familles de toutes les paroisses des environs. Vu le travail considérable que le fleurissement de ces avenues a demandé, nous mesurons l'importance de la ferveur religieuse dans cette région. Il est treize heures, nous avons faim, mais nous ne parvenons pas à trouver une place libre dans les restaurants. Alors que notre capitaine Alain, considérant notre présence sportive incongrue en ce lieu, manifeste son désir de décamper au plus vite, Gilles et moi, manipulés par nos estomacs, bondissons d'un bar à l'autre espérant débusquer quelques bocadillos à ingérer. Malheureusement, oubliant que la semelle en plastique de mes chaussures de cycliste n'est pas adaptée à un dallage rendu glissant par le suc des pétales piétinés, je m'étale lourdement sur les fesses et mon coccyx ressent une douleur fulgurante. On se précipite de toute part pour m'aider à me relever et je grimace devant une caméra de la BBC en face de laquelle notre chef mal à l'aise tente de refuser une interview bien mal venue, puisqu'on lui demande de raconter notre périple. Rapidement, il prend congé du cinéaste dépité. Heureusement, l'incident ne prête pas à conséquence et je parviens à traverser dignement la place, bien décidé à exiger trois bocadillos pour trois pèlerins casqués aux couleurs de la célèbre région Auvergne-Rhône-Alpes ! Finalement, j'ordonne un ravitaillement sur un ton de commandant intraitable, faisant plier Alain qui s'assoit devant une table sur laquelle sont rassemblés trois sandwichs un peu bourratifs, mais au moins reconstituants pour nos entrailles affamées.

Manu militari, nous quittons cette fête fort étonnante et extraordinaire au demeurant, mais inadaptée à nos trop humaines attentes. Après une semaine, je ne sens pas s'allumer en moi l'âme du pèlerin traditionnel.

Manifestement, le temps est en train de changer, car un vent plutôt froid escorte notre retrait d'un rassemblement où nous n'étions ni invités ni accueillis. Nos estomacs « tapounés », ragaillardis par une chope de bière calorifique, nos quadriceps se rangent en ordre de bataille et nous nous mettons à nous « tirer la bourre » entre nos deux équipages hétéroclites, histoire de calmer les nerfs de notre supérieur. L'épreuve sportive est préférable à celle des ressentiments.

Le défoulement nous amène à une sympathique auberge remplie de jeunesse qui se prélasse dans une albergue possédant un magnifique patio dont la pelouse est arrosée toutes les nuits. Nous sommes à la Morena de Ledigos, établissement recommandable par son ambiance gaie, son couvert succulent, et la garantie d'un équipement bien douché par le système d'arrosage du patio, le lendemain matin.

XXIII
Septième étape

De Ledigos à Arcahueja
L'eau qui redonne vie

Nous voici déjà à mi-parcours. Nous roulons entre Burgos et Leon, sur la légendaire Meseta dont la superficie occupe presque la moitié de l'Espagne. Autrefois s'y trouvaient les terres des royaumes de Léon et de Castille. Cette immense table géographique est surtout remarquable par son étirement sur environ cent cinquante kilomètres de faux plats montants, tous ces temps-ci, terrain de jeux d'un vent d'ouest à affronter de face. Deux étapes seront nécessaires pour la traverser. D'après les photos, nous pensions cette région assez désertique. En réalité, elle s'avère plus arborée qu'il y a quelques dizaines d'années. Cependant, notre recherche de carburant hydrique nous invite à nous arrêter dans certains villages parce que nous savons maintenant qu'immanquablement près de l'église trôneront une fontaine ou un lavoir bien rafraîchissant. Sur la place où une des innombrables vierges espagnoles a sa maison appelée Nuestra Senora de Arbas, je me dis qu'une petite halte en son sein nous offrirait un peu de fraîcheur en cette journée balayée par un vent prompt à dessécher les épidermes en pèlerinage. Malheureusement, comme trop souvent chez nous en France, nous nous heurtons à une porte close. Mais c'était sans compter sur une vénérable grand-mère, aux aguets derrière ses rideaux surveillant le passage d'éventuels candidats à la visite du lieu religieux dont elle avait la garde. La voici donc sans discours agitant son trousseau de clefs qui nous fait comprendre qu'enfin une halte spirituelle nous est proposée. J'invite Alain et Gilles à pénétrer dans cette petite église de village dans laquelle nous profitons des fresques et autres statues amoureusement époussetées par cette veilleuse convaincue de l'importance de la dimension sacrée du chemin. Je suis heureux d'avoir consacré quelques minutes au Saint Mystère qui invite l'homme à élever ainsi d'humbles chapelles qui traversent les siècles malgré les vicissitudes souvent destructrices de l'histoire humaine.

Nous voici donc repartis, le gosier désaltéré et consciemment ou pas, invité à réveiller le sens le plus profond d'une démarche de pèlerinage, même si elle n'est pas toujours avouée. En tout cas en ce vingt et unième siècle, sur ce long plateau, les lieux de rassemblement religieux s'étalent sur la route sous la forme de chapelles surmontées d'un clocher à peigne que des familles de cigognes ne dédaignent pas de squatter. Mes amis me signalent à plusieurs reprises ces gros volatiles au long bec qui nous regardent passer d'un œil narquois d'après Alain ! Je me dis que loin des grands axes touristiques, un passé authentique est encore bien présent. Et cela suffit à réjouir le cœur dans ce monde où la vitesse nous aspire vers on ne sait où.

Curieusement, plus d'un mois et demi après notre retour, alors que j'écris ces lignes d'après les résumés de mes pilotes, mon épouse, en me lisant le journal, me signale que ces majestueux oiseaux viennent de faire escale sur les hauts lampadaires de notre stade local. Je me questionne pour savoir si elles aussi pèlerinent entre Santiago et Le Puy-en-Velay ?

En ce qui nous concerne, notre équipe a apprécié la tranquillité de l'escale à Arcahueja.

XXIV
Huitième étape

D'Arcahueja à Rabanal del Camino
Des cigognes en pays froid

Et nous voici traversant Léon sans daigner lui accorder une pause en ces murs dont certains garantissent la présence romaine d'antan. Il nous faut, pour assurer le timing, battre la campagne, toujours jalonnée des petits clochers à peigne choisis par les grands oiseaux blancs choyés par les populations qui les aident parfois à construire leur nid. Voici des familles volantes si fidèles que le père passe autant de temps que sa compagne à assurer la couvaison des gros œufs bien protégés à l'intérieur d'un solide nid de branchages. Une fois la nationale 120 rejointe, des travaux nous contraignent à emprunter un tronçon d'autoroute dont nous ne serons pas expulsés par la Guardia Civil, mais bêtement stoppés par une minuscule agrafe rouillée. La roue arrière émet un « pschitt » qui nous indique une première crevaison alors que nous apercevons Astorga dans le paysage.

Estimant à trois kilomètres la distance qui nous sépare de la cité, nous décidons d'utiliser la grosse pompe que nous avions pris soin de placer dans le couffin orange destiné au transport des bagages. La pression restera suffisante le temps de regagner le centre-ville. Il est treize heures trente et il faut débusquer un magasin de cycles avant la fermeture des commerces, souvent fixée à quatorze heures. Alors que j'interpelle deux ados, mon espagnol s'avère suffisant pour leur compréhension, puisqu'ils nous conduisent gentiment en à peine cinq minutes dans la boutique d'un vendeur de bicyclettes qui nous accueille tout aussi chaleureusement. Une fois la chambre à air payée, nous le remercions en ajoutant quelque ravitaillement énergétique pour compléter une facture fort raisonnable. Rassurés par une réparation aussi prompte, nous regagnons la place d'Espagne, où, installés face à la superbe façade de l'hôtel de ville, nous déjeunons sous un grand parasol. Là encore, mes amis se contentent de quelques photos de la cathédrale Sainte Marie dont ils remarquent la couleur des pierres allant du jaune au rouge en passant par le rose ainsi que le foisonnement des sculptures sur un thème biblique entourées de feuillage.

Nouveau départ pour une assez longue montée en direction du gîte qui nous attend à Rabanal del Camino. À l'intérieur d'une belle cour, je devine l'atmosphère d'une ancienne ferme superbement restaurée aux accents typiques de la profonde Espagne. Des contenants de divers produits locaux sont suspendus aux rambardes d'un balcon entourant le patio pavé de larges pierres qui ont dû voir passer bien des bottes de cuir, des sabots et des roues de charrettes au cours des siècles. Privés de la présence des propriétaires, une ardoise suspendue à la porte nous indique notre chambre spacieuse au caractère d'époque dont nous remarquons la chaleur diffusée par le radiateur intentionnellement allumé, et présageant la fraîcheur nocturne. Effectivement, l'attention devait s'avérer judicieuse puisque la température est en train de sérieusement contredire le climat des jours précédents. Le délicieux dîner dans l'unique restaurant est arrivé bien à propos pour nous permettre d'affronter le vent glacial balayant les rues anciennes dont les pierres avaient tant emmagasiné de chaleur la semaine dernière. Pas de flânerie digestive en veillée. Nous regagnons notre étable luxueusement aménagée et, face à ma réaction frileuse à la température, mes amis à la fois moqueurs et inquiets me recouvrent de grosses couvertures jusque sur le crâne, me donnant l'apparence d'un malade imaginaire. Comme eux, j'avais réellement du mal à identifier un vrai coup de froid à une comédie que j'avais envie de jouer pour meubler le moment de plaisanterie habituel de nos soirées !

XXV
Neuvième étape

De Rabanal à Trabadelo
Poteau de bois et croix de fer…

Un bon radiateur et quelques couvertures ont ragaillardi le guerrier dorloté et « coucouné » par ses amis. En compagnie de ses deux serviteurs, il s'équipe pour le départ avant de s'asseoir devant un copieux petit déjeuner si tentant que l'un d'eux se permet de rajouter dans sa musette des tartines non consommées par des pèlerins plus vaillants. Deux Allemandes rient de la furtive rapine, mais attaquer cinq kilomètres de côtes justifie l'indélicate précaution.

Les marcheurs et autres vététistes ne sont pas seuls sur la route pentue conduisant au col de Foncebadon qui culmine à 1503 mètres et dont le sommet arbore victorieusement la célèbre Cruz de Ferro. Plusieurs familles de sangliers traversent la chaussée devant nous tout en nous ignorant, convaincus d'être les maîtres de leur territoire.

Dans ma posture de pèlerin plus que de cyclotouriste, j'ai aimé cette difficile montée vers la Croix de fer. Ne voyant pas bien du tout, j'apprécie autrement l'approche de ce lieu symbolique sur le chemin de Saint-Jacques. Depuis des siècles, elle représente un repère sur la voie sacrée et annonce que l'on approche du but. À son pied, il paraît qu'au cours des temps les pèlerins ont toujours déposé un caillou comme symbole de leurs péchés. Ainsi, un impressionnant monticule de pierres venues du monde entier entoure la base du poteau de bois de cinq mètres de hauteur surmontée par la croix de fer qui d'ailleurs n'est pas la vraie pièce primitive dérobée au cours du temps. Tout au long de cette ascension, l'inspiration m'a relié à Gilles, qui s'arc-boute bravement pieds et poings écrasant ses appuis afin d'aider son ami handicapé à vaincre les difficultés de cette montée. Autant pour lui que pour moi-même, je lui propose alors de recevoir les perceptions sensorielles que le moment présent et la route pèlerine nous offrent instant après instant. Mon objectif est d'essayer d'être ici et maintenant dans un échange permanent et intense qui aura l'avantage d'installer un peu de distance entre la peine induite par l'effort et notre mental déjà suffisamment impacté la semaine précédente.

L'un après l'autre, nous devons d'abord recevoir consciemment une sensation corporelle et la proposer ensuite à notre équipier afin qu'il l'éprouve à son tour. Cela va de nos différents appuis aux contractions musculaires, des mouvements de nos articulations à notre respiration, de la sensation d'avancer à la caresse du vent sur notre peau, et ainsi de suite. Lorsque nous sommes parvenus à bien les sentir, l'un après l'autre, nous passons aux perceptions qui nous parviennent maintenant du monde extérieur grâce aux formes du paysage et à ses couleurs, aux sons autant sur la terre que dans le ciel, sans oublier la conscience de la présence des marcheurs qui gravissent en même temps que nous la route vers le sanctuaire. Les minutes se succèdent, les kilomètres se digèrent, dénués d'appréhension puisque les pensées pénibles sont mises à l'écart grâce à la décision sincère et volontaire de rester en contact avec nos ressentis autres que celui de la peine à pédaler. Emportés par le jeu de nos sensations partagées et alternativement vécues, nous concluons l'exercice en recevant les applaudissements déclenchés par Alain patientant dans le groupe d'une quinzaine de personnes déjà parvenu sur le site. Comme sur les routes du tour de France, notre directeur, à la force du mollet, nous avait précédés, tractant sa caravane d'intendance jusqu'au pied de l'immense croix. Les tandems n'étant pas si fréquents sur le chemin, leur apparition témoigne de l'entraide qui caractérise l'esprit du Saint-Jacques.

Après quelques minutes à contempler ce calvaire dont le mât est tapissé de dizaines de messages en lien avec le passage des peregrinos, nous entamons une descente rapide dont la fraîcheur nous invite à une halte dans le village d'Acebo de San Miguel, dont les balcons de façade font penser aux petites maisons des hameaux de Haute-Savoie. Un chocolat bien chaud nous rassemble près d'une belle flambée, preuve s'il en est de la variété du climat espagnol. L'estomac et l'épiderme réconfortés, nous regagnons la rue principale irrégulièrement pavée et flanquée d'un caniveau central nous obligeant à une série d'acrobaties vélocipédiques.

En reprenant la direction de Pontevedra, j'annonce aux copains que j'ai laissé ma canne de malvoyant dans le gîte que nous avons quitté le matin même. Alain, en héroïque chevalier servant de son maître, se propose de repartir seul la chercher. Je refuse catégoriquement en argumentant que j'y vois là un signe du ciel. Nous nous arrêtons tout de même au passage, mais sans conviction dans une pharmacie à Ponferrada où seul le bon accueil d'un kebab remplacera l'objet devenu inutile sur un vélo. Une succession de lignes droites, de montées qui redescendent comme d'habitude, nous conduit au pied d'une montagne que la fatigue et la pluie qui s'est mise à tomber n'invitent guère notre moral à affronter. Quasi miraculeusement, un long tunnel le fait remonter de nos chaussettes trempées jusqu'à nos lèvres pour le transfigurer en sourire de pèlerin béat.

Une douche soutenue nous aide à souquer ferme jusqu'au gîte Camino y Leyenda dans lequel nous sommes invités à déposer le tandem sur toute la longueur du piano de la vaste salle à manger. Étonnés par cette courtoisie campagnarde, nous saluons nos hôtes tout aussi poliment et filons derechef sous une véritable douche dont nous jouissons avec délectation ! Dans une grande simplicité, la gentille famille nous servira un dîner au menu local dans une ambiance des plus joyeuses.

XXVI
Dixième étape

De Trabadelo à Sarria
Rencontre avec le joyeux abandon

Cette dixième étape garnira notre mémoire de souvenirs ineffaçables. La veille au cours du dîner, l'aubergiste nous avait mis au courant de la déviation de la route pour cause de travaux sur un pont que nous aurions dû emprunter sur notre itinéraire routier. Merci pour le renseignement. Ce ne sont pas les contretemps ni les dénivelés qui nous tracassent après ce que nous avons déjà vécu et nous regagnons notre chambre l'esprit tranquille pour une nuit reposante.

Après quelques kilomètres au fond d'une vallée verdoyante, comme les pèlerins marcheurs, nous prenons à gauche une route étroite à Paraiso del Bierzo afin d'entamer l'ascension d'une nouvelle montagne. Au début, tous les cent mètres, nous alternons le pédalage et la marche en chaussures cyclistes aux semelles de plastique, en sachant que ce n'est pas l'idéal pour les cales ainsi que pour le confort et la santé de nos pieds. Sauf que les hectomètres se transforment petit à petit en kilomètres au fur et à mesure que le soleil grimpe vers son zénith. Les bavardages avec d'autres marcheurs, la cueillette de rares et minuscules fraises dans le caniveau entrecoupent notre ascension de plaisirs simples en attendant de deviner le sommet de la montagne.

Soudain, une lumière s'allume dans ma cervelle. A deux pour pousser le tandem, je ne me rends pas compte tout de suite que le pauvre Alain est en train de s'échiner à se payer une soixantaine de kilos supplémentaires au poids de notre double vélo. Illico presto, j'abandonne Gilles afin de prêter main-forte au forçat à l'arrière du couffin jaune chargé de nos bagages. Nous en avons plein le dos, mais il n'y a pas d'autre solution que celle d'user nos cales sur le macadam tout en laissant dégouliner des traces de suif de notre carcasse tannée par un soleil tout sourire au passage des pèlerins grimpeurs. À un moment, même le tandem rechigne à collaborer alors que je l'avais empoigné sur son flanc droit. Ne le trouvant pas à ma bonne main de cette façon, j'entreprends de contourner son arrière-train qui en profite pour faire subitement une volte-face et entamer un demi-tour alors que je le maintiens seulement par l'arrière de la selle. Sans me prévenir, il a décidé de reprendre la direction de la vallée. À essayer de comprendre sa réaction, j'en aurais perdu les pédales.

Au bout de deux bonnes heures à guerroyer sans l'aide de nos montures, nous entrons enfin dans le hameau de La Faba qui fait des œillades aux personnes épuisées en leur offrant des dizaines de verres de sirop et autres chopes de bières qui scintillent sur les tables de chaque côté de la route. Impossible de résister à la récompense du rafraîchissement. En plus, une jeune Polonaise et son mari déjà croisés deux fois à vélo sur le chemin font de grands gestes à Alain. La fille est convaincue qu'elle vient de débusquer monsieur Harrison Ford en personne faisant son Compostelle. Ce dernier ne démentant pas l'événement, elle prie son époux de la prendre en photo au bras de l'acteur. Calés sur nos chaises, Gilles et moi nous nous amusons de la fierté de notre Américain qui bombe le torse en oubliant sa fatigue comme par enchantement. Nous ignorons que dans la vraie vie, cinq kilomètres nous attendent avant de parvenir au col et au village d'O Cebrero où l'on attend le touriste en espérant que l'orage va le faire rentrer dans la taverne restaurant jouxtant le magasin de souvenirs. En effet, il est l'heure de déjeuner et le tonnerre gronde. Une centaine de pèlerins se pressent en réclamant des tortillas accompagnées de jamon et de cerveza fraîche. Les serveuses s'agitent et je trouve leurs cris agressifs au milieu de cette foule agitée. Finalement, le déjeuner très calorique sera bien indiqué vu ce qui nous attend dans la longue descente.

Enfourchant nos montures, confiants en notre bonne étoile, nous entamons la vallée conduisant à la grande ville de Sarria. Nous craignions l'orage, mais au fur et à mesure des hectomètres, c'est une averse de plus en plus drue qui s'abat sur la route, la détrempant sans égard pour des champions qui se rient des intempéries. Sous les seaux d'eau, la température baisse brutalement. Les cales de nos chaussures, usées par leur utilisation inadéquate au cours de la matinée, ne s'enclenchent plus dans les pédales dont l'appui est devenu aléatoire. Les semelles patinent à chaque tentative de pédalage. En guerriers aguerris, imbibés de pluie de la tête aux pieds, c'est du sauve-qui-peut sans toutefois être du chacun pour soi. Derrière le rideau d'eau, nous avons perdu Alain et à plusieurs reprises, nous nous arrêtons pour l'attendre alors qu'il nous avait soi-disant doublés. À chaque arrêt, j'en profite pour me gifler violemment les cuisses engourdies par le froid. Dans cette situation dantesque, je ne reconnais pas le Gilou. Comme le Roger, mon entraîneur, le danger semble l'inviter à se transcender. Regardant par-dessus ses verres de lunettes rincés par la pluie, il a seulement une obsession : foncer pour échapper à la vague. Inclinant vigoureusement la machine dans les virages, méprisant le phénomène d'aquaplaning, Gilles pilote. Paradoxalement, je me rassure, pensant au champion motocycliste qu'il fut dans sa jeunesse, je n'ai pas peur, car je veux croire qu'il contrôle la situation. Surfant sur la vague, Gilles est le champion des fortes pentes sous la pluie. Me souvenant de Guillaume, l'apnéiste qui se laissait happer par les grands fonds marins, je ressens la joie encore jamais vécue d'un total abandon en voulant profiter pleinement de ces instants exceptionnels. À l'entrée de Sarria, près de la remorque garée en épi, Alain agite ses grands bras pour nous signifier sa présence face à un café où nous nous enfournons pour nous réchauffer d'un chocolat brûlant. Il faut maintenant chercher un commerçant afin de procéder au remplacement de nos cales écrasées dans la montée pédestre du col d'O Cebrero. Pas question d'aller au gîte avant d'être sûrs de pouvoir compter sur des semelles bien équipées le lendemain matin. La chance est de notre côté. À deux pas de là, la patronne du bar nous a trouvé l'homme providentiel. Ce soir-là, nos bécanes traversent un beau magasin dont je ne saurais préciser la spécialité pour passer la nuit dans un studio photo. Après le piano de la veille, le tandem s'ébroue auprès d'un grand parasol qui l'attend entre deux gros projecteurs. L'Espagne est bonne pour les vélocipèdes. À l'étage au-dessus, nous jouissons d'une vaste chambre au confort que des artistes tels que nous ont bien mérités.

XXVII
Onzième et douzième étapes

De Sarria à Santiago
La chute d'Harrison

Quand on pense qu'il suffit de partir de Sarria à destination de Santiago pour avoir droit à la fameuse Compostella qui vous officialise pèlerin à part entière, cela nous fait bizarre. Sarria est en effet la ligne de départ de nombreux pèlerins qui se contentent de parcourir les cent derniers kilomètres. Mais après tout à chacun son chemin. De cette onzième étape, il ne me revient pas grand-chose à la mémoire, sinon cet escalier monumental à l'entrée de Portomarin au pied duquel nous avons photographié le logo moderne indiquant la direction de Saint-Jacques. Nous ressemblons au paysage. Tout comme les marches de cet escalier s'élevant devant nous semblent lourdes à gravir, les dernières dizaines de kilomètres nous conduisant à l'objectif pèsent sur nos organismes et agacent notre patience. Dans notre élan, les poings serrés et le nez dans les guidons, nous dépassons de sept kilomètres le gîte retenu à Arzua. Nous y arrivons à nouveau sous la pluie, celle-ci témoignant souvent de l'approche du grand océan. Ne dit-on pas que la province de Galice serait le pot de chambre de l'Espagne ? Toujours est-il que la transition s'avère brutale et le baromètre de mon dos sentira sans tarder lui aussi qu'il est temps d'arriver.

Comme d'habitude, même si l'humidité malvenue de la soirée ne nous permet pas de profiter des jardins de notre gîte d'Arzua, le restaurant nous attire et ravive notre bonne humeur. Son bar est couronné d'imposants fûts métalliques suspendus au-dessus du comptoir autour duquel les serveurs s'empressent de distribuer rations alimentaires et chopes de bière reconstituantes. Alain en profite pour nous rappeler qu'il sonnera le tocsin à six heures. En effet, le réceptionniste de l'entreprise que l'on a chargé de rapatrier nos vélos à la maison nous attend pour onze heures. Il nous faudra sans doute du temps pour débusquer sa boutique dans la grande ville de Saint-Jacques. Se débarrasser du matériel avant de profiter de l'esplanade devant la cathédrale semble judicieux. Cependant, avec Gilles, nous faisons la moue de devoir nous lever si tôt alors que nous touchons au but. Finalement convenant que ce sera la dernière fois, nous tombons d'accord, même si nos hôtes ne pouvant pas servir un petit déjeuner de si bonne heure, acceptent de nous confectionner un sandwich que nous consommerons sur la route. Au petit matin, suite à une succession d'averses nocturnes, il est naturel que notre départ s'effectue dans un brouillard intense. En sortant du gîte, cela grimpe déjà trop pour l'ensemble routier dont Alain s'est emparé. Se dressant sur sa bécane pourtant à assistance électrique, il parvient à la faire avancer de quelques mètres. Puis, elle rechigne et se met à piaffer du pneu arrière en patinant, clouée sur place par le poids de sa remorque. Le phénomène déséquilibre son pilote et le contraint à s'étaler sur le flanc gauche afin de goûter au revêtement de béton galicien. Aussitôt, un quatuor d'infirmières emmitouflées se précipite pour l'aider à se relever en s'enquérant de ses douleurs. Mais Artaban, déjà debout, empoigne ses guidons et les dames s'agglutinent derrière la remorque et la poussent pour redonner propulsion et dignité à notre Harrison Ford désarçonné, mais reconnu ! L'incident est clos. C'est parti pour deux heures d'arrache-pédales dans un paysage nappé de brumes, jusqu'à ce que nos estomacs manifestent leur réticence en descendant leur jauge dans le rouge !

Les batteries rechargées de deux petits déjeuners chacun, nous remettons les gaz pour avaler la vingtaine de kilomètres nous séparant de ce Santiago accrocheur de mes rêves depuis vingt et un mois. En cet instant, je sens que la joie et l'excitation masquent la fatigue. J'attends le bois d'eucalyptus surplombant la ville tellement convoitée par tant de pèlerins depuis tant de siècles. Nous traversons un dernier village répondant au nom de Lavacolla et nous nous rendons vite compte que les grappes de pèlerins se multiplient de façon étonnante sur les derniers kilomètres avant les faubourgs de Saint-Jacques-de-Compostelle.

Nous voici dans le bois que j'avais imaginé, parfumé et pas aussi lamentable avec ses lianes dégoulinantes jusqu'au sol. À chaque contournement de quelques villas forestières, c'est un slalom d'évitement d'une armée de marcheurs jeunes et bruyants pour la plupart. Aux manettes du long vélo, Gilles actionne continuellement la sonnette. Il fait ce qu'il peut pour éviter les personnes occupées à chanter à tue-tête, parfois encouragées par un baladeur vissé sur leurs oreilles. Par intermittence, les averses s'invitent et des coulées de boue recouvrent la petite route, qui à force d'être piétinée, ressemble à un chemin impropre au passage de vélos dont l'un tracte une remorque. J'aurais rêvé d'une autre arrivée, d'autant plus que mes lombaires sont maintenant malmenées par une succession de déhanchements et contorsions qui m'obligent à poser le pied à terre beaucoup trop souvent d'après mon copain irrité par un pilotage hasardeux. À un moment, afin d'éviter la boue, un monsieur japonais et son fils refusent de faire un pas de côté pour nous faciliter le passage. Agacé,

Gilles ne peut s'empêcher de manifester son mécontentement. La scène, heureusement très brève, est fort curieuse à l'approche de l'objectif. Notre fatigue excuse les choses. Même pèlerins, on n'en reste pas moins hommes. Il se met à pleuvoir plus fort lorsque nous trouvons enfin la direction du centre-ville. Je ne me rappelle même plus si nous avons longé les abords de la cathédrale. Le Saint pardonnera le retard de ses trois visiteurs épuisés et trempés. Notre monde moderne connaît des impératifs bassement matériels. Trouver le transporteur s'avère plus difficile que prévu. Les vélos ne méritent pas d'être abandonnés après nous avoir si vaillamment permis de parcourir plus de quinze cents kilomètres. Dans ces rues grouillantes, nous risquons la séparation pour chercher la boutique chacun de notre côté. Je reconnais une certaine peur d'abandon remonter en moi ! Sûrement l'extrême qui-vive du franchissement de la ligne d'arrivée après l'épreuve de dépassement de mes forces. C'est sans compter sur la responsabilité des deux anges gardiens qui veillent sur leur protégé. De son côté, Gilles surgit tout sourire en m'expliquant qu'il a trouvé notre hôtel pendant que la voix d'Alain clame de l'autre côté du carrefour qu'il a repéré la devanture que nous recherchions. Nous dégoulinons de pluie et de contentement. Très vite, nous nous abritons dans le petit local où nous abandonnons le matériel après l'avoir délesté de nos sacs et nous être acquittés du règlement à la hauteur du rapatriement des engins. Maintenant, si nous ressemblons à des pèlerins marcheurs dotés de leurs sacs à dos, le courage nous manque pour gagner immédiatement le secteur de la cathédrale. Une douche chaude semble prioritaire. Tant pis pour l'émotion de l'arrivée sur l'esplanade racontée par la plupart des arrivants.

XXVIII
Déambulation jacquaire

Voilà trois mois que cela s'est passé.

La netteté des images mémorisées ne me permet pas de faire une description précise de la belle ville de Saint-Jacques à laquelle nous avons consacré une journée et demie, surpris par la fraîcheur et l'humidité ambiante en cette fin juin 2022.

Il nous a fallu deux bonnes heures de récupération à l'hôtel avant de retrouver l'envie d'arpenter les pavés du centre historique et surtout l'esplanade où affluent chaque jour des centaines de pèlerins sur le visage desquels se lisent l'émotion, la joie et souvent une grande fatigue les invitant à rester longuement assis ou allongés sur le sol de la place de l'Obradoiro en contemplant la façade de la cathédrale aux styles baroque et roman mélangés. Certains pleurent, d'autres se tiennent embrassés. Beaucoup chantent ou poussent des cris de joie. Pour nous aussi, ces minutes sont historiques sans toutefois déclencher d'effusion jaillissante. C'est une joie intérieure et souriante que nous désirons naturellement immortaliser, satisfaits d'avoir accompli le travail. Je dis que je souhaiterais aller accueillir sous mes mains la pierre du portique de la gloire comme j'avais pu le faire trente-cinq années auparavant lors d'un voyage en voiture. Mais Alain et Gilles me répondent que cela peut attendre, la priorité pour Gilles étant de se rendre à l'accueil francophone et pour Alain de récupérer la fameuse compostela, prouvant que nous sommes allés jusqu'au reliquaire de l'apôtre ainsi que la foule des innombrables pèlerins le fait. J'acquiesce par solidarité.

Au sein de cet immense espace émotionnel, il y a l'homme tout entier. Tous les sentiments et les désirs embrassés en ce lieu se valent. Nous voici donc intégrant le rang de nos semblables impatients de récupérer le précieux document. Je sens une petite colère monter en moi, apprenant que nous ne pouvons entrer sans masque dans le bâtiment. C'est peut-être justifié, sauf que nous sommes contraints d'acheter un souvenir dans la boutique d'en face pour se voir offrir le rectangle à élastique obligatoire à fixer à nos oreilles de pèlerin moderne si nous voulons récupérer l'accréditation attestant notre authenticité. Me voici donc muni d'une clochette à un euro que j'agite de dépit pour faire valoir notre droit à franchir la porte permettant d'accéder au saint des saints, c'est-à-dire à l'un des quatorze guichets qui va énoncer notre numéro comme dans l'accueil d'un hôpital. C'est la version administrative du pèlerinage. Le réceptionniste vérifie si le dépliant est dûment tamponné avant de se saisir de la feuille sur laquelle l'authentique texte latin prouvera de son cachet qu'Alanus bassement soupçonné est bien parvenu à Saint-Jacques ! L'administration reste fidèle au rituel religieux. Dossier classé, même si je conserve le document sans avoir à prouver quoi que ce soit à quiconque.

Maintenant, il est temps de rejoindre les bénévoles de l'accueil réservé aux pèlerins de langue française initié par une connaissance de Gilles, Brigitte, qui a connu la grâce de vivre sur le chemin une véritable conversion qu'elle raconte dans son livre intitulé : « Compostelle, les mots du chemin ». Malheureusement, elle n'est pas là en ce moment, car tous les membres du groupe des accueillants ne pouvant être présents en permanence, ils ont dû organiser un tour de rôle à la quinzaine. Il n'en reste pas moins que nous serons reçus avec une profonde fraternité… Brigitte les ayant prévenus de notre arrivée, ils nous ont fait la surprise d'une attention tout à fait adaptée. À quinze cents kilomètres de la maison, se sentir ainsi attendu efface miraculeusement les relents de fatigue. En compagnie de quelques autres arrivants, pendant une bonne heure, grâce à Michel et Émile, nous avons échangé dans la bonne humeur nos impressions toutes fraîches et pu glaner différentes informations pratiques pour notre séjour à Santiago tel que le rendez-vous pour une visite guidée et l'adresse du restaurant Le Paradisio où se retrouvent tous les soirs les bénévoles et les pèlerins désirant poursuivre gastronomiquement et joyeusement la rencontre que nous sommes en train de savourer sur bien des plans. Appâtés par l'invitation, nous ne manquerons pas d'aller nous réchauffer trois soirées consécutives dans ce petit paradis, profitant de l'excellente cuisine et appréciant l'ambiance bon enfant ponctuée de chansons pèlerines. Quelle surprise de retrouver le lendemain matin à la messe le père Ludovic, curé de Navarrenx, pour ce groupe d'expression française. Si vous deviez le croiser un jour, vous le reconnaîtriez à son sweat-shirt noir authentiquement imprimé de son surnom : « L'abbé attitude » ! Cela en dit long sur son charisme. Encapuchonné afin de se protéger de la pluie au cours de notre déambulation dans les rues de la capitale de Galice, il a écouté avec nous l'histoire très détaillée de la cité racontée par Emile, l'un des membres accueillants. Ensemble, nous avons admiré le grand monastère et son musée d'art galicien puis l'hôpital transformé en hôtel de luxe avant de pénétrer dans la nef de la cathédrale qui abrite le reliquaire contenant une prétendue dent de l'apôtre Jacques. Quant au pilier de la gloire, il se montre inaccessible, drapé sous un épais voile de plastique installé par une équipe de restaurateurs d'œuvres d'art, mais peu importe, il y a une trentaine d'années, j'avais déjà déposé ma main dans l'empreinte d'une autre main creusée par la succession des pèlerins au cours des siècles passés. Sachant que dans ces temps lointains, les falsifications étaient fréquentes, en défilant devant le reliquaire, j'espère qu'il contient bien une vraie part des restes du compagnon du Christ. Pourtant, je pense qu'un pèlerinage ne peut se réduire à tenter d'apercevoir un bout de squelette ! Dans la nef, le botafumeiro ne se balance pas au-dessus de l'allée centrale comme il le fait le jour de la fête de Saint-Jacques en exhalant l'encens propice à la montée des prières vers la demeure éternelle du Saint. Même si nous ne sommes pas le 25 juillet, avec une petite ferveur, je m'adresse à l'apôtre, convaincu qu'il n'y a pas de fumée sans feu. Nous ne sommes pas venus jusqu'ici par hasard, même si c'est seulement pour le seul désir de dépasser la souffrance d'une longue épreuve ! Comme nous, des milliers de personnes déambulent dans les rues bordées de commerces de toutes sortes. Saint-Jacques offre aussi du travail à de nombreux habitants et chacun rapporte des souvenirs qu'il regardera toujours comme le symbole d'un extraordinaire épisode de son existence.

XXIX
Du pèlerin au touriste

La fin de notre voyage coïncide naturellement avec cette extrémité de l'Espagne qu'autrefois les marins nommaient « la fin du monde ». Il faut pas mal de patience en autocar pour parcourir les quatre-vingt-dix kilomètres séparant ce cap de Saint-Jacques-de-Compostelle. Certes pour un voyant la côte sinueuse et vallonnée apparaît magnifique avec ses masses granitiques ponctuant le bleu intense de l'océan. C'est en marcheur véritable que nous gravissons les trois kilomètres conduisant au promontoire dominé d'un puissant phare sûrement longtemps indispensable à la sécurité des navires et de leur équipage. Ici se situe la borne signifiant le kilomètre zéro du continent. Pour nous, devant la beauté grandiose du paysage, il est difficile d'imaginer les drames humains des nombreux naufrages provoqués par les rochers dissimulés sous l'écume. Sous nos pieds, en contrebas se sont fracassés des dizaines de navires commerçant le long de la côte ou provenant du Nouveau Monde.

Si mes compagnons sont attirés par la limite entre les éléments minéraux et l'espace liquide infini, je ne me sens pas de descendre à travers les rochers hérissés de buissons épineux. Mes jambes fatiguées se contenteront de s'étirer au soleil, évitant une possible entorse sur le sentier qu'effectivement ils me décriront dangereux après une heure et demie de randonnée. Cela m'a évité l'inquiétude de voir Gilles s'immerger dans les flots s'ourlant de mousse contre le roc. Le valeureux pédaleur se montre un courageux nageur en bravant la froidure de la mer qui le contraint à s'agripper aux rochers glissants. Il s'immerge complètement le corps sous les yeux étonnés de son copain surveillant de baignade impuissant qui se demande si cela est bien raisonnable. Mais l'ami Gilles, en force de la nature, a besoin de sensations intenses. Il n'a pas grillé inutilement sa peau durant la première semaine pour laisser flamber le suif qu'elle a abondamment sécrété.

Pendant ce temps assis sur le mur limitant l'ultime esplanade de notre continent au-dessus de l'infini de l'océan, je patiente en compagnie d'un routard des temps modernes. Il m'explique qu'il a choisi la liberté en abandonnant son métier d'ingénieur. Comme dans tous les endroits touristiques, l'artiste baroudeur profite de sa belle voix grave pour récolter les quelques pièces qui lui permettront de poursuivre son voyage. Lorsqu'il entame une chanson à laquelle je me sens capable de m'associer, je prends plaisir à chanter avec lui. À ma façon, je profite du bout du monde. J'ai le cœur qui chante comme celui d'un peintre heureux d'apprécier le tableau impressionniste que son regard spécial fait vibrer sous ses yeux. Bientôt, mes deux anges gardiens sortent de la toile et s'approchent de moi. Alors qu'en ce bout du monde, mon voyage me connectait à une dimension quasiment irréelle et heureuse, tels des veilleurs du réel, ils me tendent la main. Tout sourire, ils s'approchent de moi et me remettent les pieds sur terre. En redescendant vers Fistera avec un peu de vague à l'âme, mon esprit tente de faire du rangement entre ses idées. Au milieu des centaines d'imprécisions visuelles, des nombreux moments de fatigue et finalement d'une messe étonnamment heureuse, quelle place reste-t-il pour le pèlerinage ? J'avoue que la réponse n'est pas évidente. Il me reste encore à pèleriner pour tirer l'enseignement de ce long « Chemin à contre peur ».

XXX
L'échappée

Au mitan de ce livre se tourne une page. J'ai réalisé le pèlerinage de Compostelle grâce à Gilles et à Alain. Je crois que c'est aussi grâce au mystérieux effet imprimé dans le déplacement de soi auquel il invite. Dès le début de ce livre, je pressentais que si le projet allait se poursuivre et parvenir à son terme, il y aurait un après. Ce voyage, décidé en septembre 2019, devait m'occuper le corps et l'esprit et m'inviter à passer au-delà d'une épreuve, au moins sur la façon de l'appréhender.

Trois années après la germination du projet, en cette mi-octobre 2022, si mes yeux de chair n'y voient pas plus clair, j'ai la certitude d'avoir trouvé une nouvelle ligne de départ sur le chemin à poursuivre au-delà du pays des brumes dont j'ai souvent parlé. « L'après » est arrivé. Même si l'ombre des obstacles persiste, la réussite de l'épreuve de la route me fait pas après pas franchir la frontière de la peur. Pas d'extase émotionnelle ni spirituelle, mais l'assurance d'avoir la capacité de continuer notre chemin de vie y compris avec ses incertitudes, ses très longues montées, ses coups de chaleur et ses coups de pompe. Cette décision d'échappée a mis trois années à germer. La graine a éclos. Elle a quitté l'obscurité souterraine. Sa tige se tient droite, suffisamment rigide dans sa détermination, mais assez souple pour ne point rompre sous la tempête.

L'échappée que j'entame dès le franchissement de cette ligne, je la vois se décliner comme suit. D'abord, en ces jours d'arrivée de l'automne, je fais ce qu'il faut pour me débarrasser de l'arapède de la COVID qui se régale de mes forces depuis une semaine et je profite de l'isolement imposé pour envisager la reprise d'un bon étayage physique qui attisera l'envie d'échafauder ces fameux projets inducteurs de vie. De plus, dans trois jours, Delphine, la jeune et souriante ophtalmo qui a remplacé mes cristallins défaillants va s'appliquer à donner les bonnes dimensions aux lentilles « spot » spécialement conçues pour corriger la courbure de mes cornées cabossées. Cela devrait ajouter de la clarté et de la couleur à celles déjà offertes par l'opération. Gageons que ces nouveaux spots amélioreront ma vision en braquant leurs faisceaux de lumière dès ce mois de novembre au cours duquel la luminosité baisse naturellement. Voilà un bon augure pour cette échappée si importante pour moi. Malgré les relents des assauts du virus dans mon organisme fatigué, j'ai décidé de remonter sur le vélo d'appartement qui se languit de son utilisateur, seul sous une véranda si accueillante de chaleur. Pour le coup, cela m'illuminera aussi l'esprit.

Après sept jours de patience, mes jambes réclamaient leur ration de mouvement. Elles désiraient surfer sur la huitième vague attendue pour la rentrée. Je leur ai octroyé ce plaisir, convaincu par la leçon reçue du chemin. « N'aie pas peur, arrête toutes ces questions sur d'hypothétiques conséquences négatives. N'as-tu pas entendu dire que tout est dans la tête ? Tourne-toi vers la guérison de ce qui doit l'être ! » C'est un automne flamboyant qui voit jaillir du riche humus de la terre l'arbrisseau déjà adulte en esprit.

Tel le champion qui s'échappe du peloton des coureurs, j'ai l'intention de remporter la compétition. Je veux tenter la joie de la victoire sur les épreuves dont j'estime avoir suffisamment parlé. J'en ai fini « d'être à la rue » comme on dit dans le milieu cycliste lorsque l'on peine à s'intégrer dans le groupe de ceux qui croient en la victoire. Adieu l'enfant craintif. Bye bye l'ado complexé. Ciao le jeune homme immature. Salut à l'adulte en devenir. Bienvenue à l'homme confiant en l'avenir.

Ce matin, le pèlerin s'affirme. Il retrouve la confiance en une parole qui l'appelait du fond de son cœur à la naissance de son projet. Il expérimente que seul le mystère d'une promesse contre toute rationalité tient vraiment la route en face du spectacle si décourageant du monde. Son sac à dos sur l'épaule, il reprend cette marche qui ne s'est pas arrêtée à Compostelle. Il nomme sa foi enracinée dans la confiance qu'il est en train d'éprouver. Il l'entend, portée par une parole que l'apôtre Jacques a annoncée après son ami Jésus. Les incertitudes de l'histoire ne l'embarrassent plus. Les abus de l'église ne représentent plus une bonne raison pour en douter. Il sait qu'en définitive, on ne peut faire confiance qu'en cette voix-là. Le mal n'est que le fait des hommes. Il ne provient pas du Mystère divin de leur origine. Le Christ est justement venu pour le leur expliquer, même s'il savait que la plupart ne le croiraient pas. Même s'il pouvait en mourir, sa certitude ne le ferait jamais taire. C'est cela la confiance.

XXXI
Être à même

Au lecteur qui a l'amabilité de continuer à me suivre depuis la naissance du projet Saint-Jacques, je confie que ma pérégrination ose emprunter maintenant un chemin qui pourrait sembler étrange à certains. Permettre aux formes anciennes que sont les appréhensions et identifications de se décomposer afin de créer de nouvelles voies. Pour ce faire, la pratique quotidienne de l'art japonais du Jin Shin Jyutsu dont j'ai parlé dans mon premier livre peut aider à étayer les effets si nourrissants de mon pèlerinage. Je me sens aujourd'hui différent. L'élaboration livrée au chapitre 13, l'épreuve espagnole et l'accompagnement en humanité dont je bénéficie avec cet art sur le plan mental m'ont ouvert cette voie. Ma vision du chemin s'est enfin éclaircie. J'irai de l'avant coûte que coûte, sans me retourner ni regretter mes vieilles valises. Dans quelques jours, les soixante-douze années inscrites au compteur de la vie m'offriront les cadeaux que j'attendais. Aussi, je décide à présent de me laisser nourrir par les aspects positifs dont la vie me régale quotidiennement.

En premier lieu, j'admire le bouquet suivant. Je suis sorti de la covid qui a conclu deux mois de privation de ces superbes lentilles Spot que je trouverai dans la boîte à lettres. J'y verrai alors concrètement plus clair en regardant devant. Je serai à même d'enjamber mon propre vélo à assistance électrique qui couronnera l'entraînement du home trainer en m'apportant un surplus de liberté. Déjà, la semaine dernière, Bruno a piloté le tandem pour la première fois. Une nouvelle relation amicale a donc débuté avec une personne sur laquelle je sais que je pourrai compter, vu l'attention dont elle a fait preuve lors de la balade de jeudi dernier. Dans trois jours, ce sera avec Jean-Luc que je reprendrai la route. C'est le départ de la nouvelle saison cycliste tout au long de laquelle je roulerai vers ce qui m'attend.

Dans un autre domaine, l'élan initié par l'esprit de Saint-Jacques s'enhardit également. Mardi, j'ai revu à nouveau Francis, ce monsieur non voyant qui m'offre sa confiance dans le but de retrouver un peu plus d'autonomie hors de son lit et de sa chambre. Nous relevons ensemble le défi commun de gagner un surplus d'existence malgré notre handicap. À deux, nous sommes à même de pratiquer des exercices de la méthode vittoz afin de réveiller tant de sensations disparues. Nous nous engageons à deux sur un nouveau chemin de liberté qui consiste, en ce qui me concerne, à transmettre des exercices qui m'aident quotidiennement. Cette belle méthode, je la propose aussi aux amis qui se retrouvent à la Tente de la Rencontre où la bonne Anne Catherine donne un exemple vivant de la solidarité auquel l'esprit commun au chemin et à l'évangile nous invite. Une fois par semaine, je me plais à vivre avec eux les mêmes exercices de présence qui favorisent si efficacement la confiance en soi et le désir d'avancer. Au retour de mon Saint-Jacques, je ressens fortement l'intérêt de vivre à plusieurs et le plus régulièrement possible ces merveilleux outils de reconstruction de soi.

Samedi dernier, pour la quatrième fois des personnes bienveillantes m'ont offert la possibilité de proposer à des hommes et des femmes mon témoignage sur la première partie de notre pèlerinage. Ce week-end, j'aurai l'opportunité de partager à nouveau notre aventure avec tous ceux pour qui nous, les malvoyants, avons notre place. Ces échanges m'ont permis de rejoindre l'association « Amiplume » dont les adhérents auteurs locaux se retrouvent régulièrement à l'occasion de salons du livre. Voilà donc de nouvelles rencontres qui s'annoncent dans les mois qui viennent. J'apprécie de voir que l'aventure de l'écriture entamée il y a trois années n'est pas prête de s'interrompre. J'ai envie de raconter tant de choses à tant de nouveaux amis lecteurs.

En fin d'après-midi, avec Gilles, débute une nouvelle action. Nous porterons chez un mécano spécialisé en cycles l'ancien tandem Folies que Jean-Claude m'avait confié il y a sept ans en vue de le prêter à un éventuel candidat malvoyant afin qu'il puisse à son tour en profiter. Maintenant que notre association « Le tandem t'emmène » est née, et qu'une candidate s'annonce, il est temps de faire ce que nous avons promis. Nous sommes heureux d'être à même de proposer à Marie-Claude l'opportunité de pratiquer notre sport. L'association grandit. L'acte est joint à la parole et ceci grâce à un don qui nous a été offert par les chanteurs de la chorale du bassin du Puy-en-Velay.

En avant donc la musique ! De ce côté-là aussi, la vie s'ouvre sur de nouvelles promesses. Notre chorale a grandi avec l'adhésion de cinq nouveaux membres. Les répétitions ont repris et quatre concerts s'annoncent d'ici à Noël. Les belles vibrations de la vie continuent à résonner à travers le chant et la joyeuse camaraderie des amis chanteurs qui se réunissent chaque vendredi après-midi sous la baguette souriante de Jacqueline, notre chef de chœur et accordéoniste préférée.

Voilà comment, malgré le handicap et la septantaine qui s'affirme, la bonne vie continue toujours ouverte et prometteuse de belles saveurs en attendant la saison nouvelle pendant laquelle se réalisera notre prochain projet : rallier la source de la Loire à l'océan Atlantique. Nous voici déjà partis sur ce projet source en direction du vaste océan de l'avenir !

Aujourd'hui même, jour de mon soixante-douzième anniversaire, j'ai enfourché seul mon Orbea électrique délaissé depuis plus de soixante-douze jours. Cet orbe solaire de par sa couleur, je veux le chevaucher en profitant pleinement de la détermination de mon esprit. Il est le symbole des multiples déplacements qui m'attendent autant par le biais du corps que par celui des idées. Et c'est parti pour une boucle de quatre kilomètres autour de la maison, celle-là même qui me permit au temps de la covid de ne pas dépasser le rayon d'un kilomètre autorisé pour notre sortie quotidienne, une heure durant. Les étoiles restent allumées comme à Saint-Jacques ! Leur fidélité me le rappellera chaque jour.

XXXII
Mon guide

Si certains non-voyants adoptent le doux labrador pour les guider sur le chemin, moi, j'ai la chance d'être accompagné, certains jours de vacances, par mon petit-fils prénommé Melchior. C'est ainsi qu'en cette veille de la Toussaint, du haut de ses douze ans, ce petit garçon a pris la responsabilité de guider son grand-père, chacun sur son vélo, deux heures durant sur les rives de la Borne entre Espaly et la digue qui longe la Loire vers la route de Coubon à Brives-Charensac.

Hier, à quatorze heures trente, lui devant et moi derrière, nous avons d'abord dévalé le mont Ronzon pour rejoindre le giratoire où commence la rue qui permet d'accéder au bord de la rivière dans l'enceinte du stade Massot. Tout comme avec mon pilote Gilles dans la longue descente sous l'averse en direction de Sarria, j'ai tout de suite opté pour une totale confiance en Melchior en décidant de profiter de l'opportunité de refaire le trajet déjà emprunté en suivant Mélissa, l'instructrice en locomotion à bicyclette l'hiver dernier.

L'opportunité de pratiquer la concentration m'est alors proposée en continu. Je ne quitte pas des yeux la silhouette fugitive qui zigzague à un ou deux mètres devant moi. Ce n'est pas simple, mais je sens que l'appréhension prend ses distances sur ce sentier large hérissé de loin en loin de poteaux métalliques sombres propices aux chocs frontaux. Et puis, il y a les promeneurs à dépasser de droite et de gauche, les personnes âgées dont l'ouïe est parfois défaillante, les petits cyclistes aux réactions imprévisibles, et les chiens pas toujours tenus en laisse.

Totalement investi sur le sens de la vue, je mobilise également mon audition pour écouter Melchior qui s'applique attentivement à prévenir son pépé du moindre danger. Je découvre un petit gars habité d'un esprit de responsabilité que bien des adultes pourraient lui envier. « Attention à gauche, à droite, à la grosse pierre, au trou, au muret inattendu, aux promeneurs occupant toute la largeur du chemin. » Quand il se met le nez dans le guidon, je comprends que j'ai intérêt à accélérer et que la voie doit être libre. À certains moments, un freinage brutal provoque la rencontre de nos pneus et je manque de chuter, bénissant alors la force emmagasinée dans mes quadriceps au long des années d'entraînement. Rebondissant sur le sol, mes pieds me permettent in extremis d'éviter la chute.

Les kilomètres défilent le long de la Borne puis de la Loire, à travers les jardins potagers, les terrains de sport et les bâtiments bien restaurés des anciennes minoteries aménagées le long du fleuve. Je savoure la chance qui m'est offerte de pédaler dans ce paysage d'automne noyé d'une douceur inhabituelle pour la saison. Je retiens la leçon de ces moments magnifiques que l'existence continue à m'offrir année après année. Je me félicite de ma pratique régulière de la méthode Vittoz qui m'a donné l'aptitude à la concentration grâce à laquelle je peux poursuivre le cyclisme de cette façon.

Dès le lendemain, enhardis par la réussite, nous décidons de rouler sur les premiers kilomètres de l'authentique chemin de Saint-Jacques au départ de la maison. L'accès au premier bassin surplombant la ville étant goudronné et très pentu, nous poussons nos bicyclettes jusqu'au lieu-dit Belle Plaine. Cette fois-ci, délaissant mon vélo à assistance électrique pour une vieille bécane plus adaptée au relief, je serai à égalité avec Melchior, même si, exactement soixante années nous séparent. Question motivation, que de chemin parcouru grâce au pèlerinage. Jamais, je n'aurais imaginé remonter sur mon ancien VTC acquis il y a plus de vingt ans. Nous allons nous risquer sur un chemin, certes entretenu par la région, mais de par son dénivelé et ses cailloux, dignes des vrais vététistes. Si cela grimpe trop dur, nous mettons pied à terre, Melchior connaît le plaisir de sortir des voies goudronnées et est fier d'aider son grand-père auquel il peut se mesurer. Moi, je suis incroyablement heureux de me sentir capable de rouler à nouveau sur un véritable chemin de terre et de pierres montant et descendant sans pour autant voir les pièges devant ma roue avant. Si Melchior passe, je passerai aussi. En ce 2 novembre à force de gouttes de sueur perlant sous nos casques, nous rivalisons d'équilibre et de ténacité. Bien sûr, depuis notre retour de Santiago, avec l'interruption due à l'opération des cataractes et à la covid, mes performances ont régressé. Dans la montée, je quitte les pédales un peu avant mon guide. Nous constatons que nous sommes désormais à égalité, même si je lui laisse le plaisir d'être un peu meilleur qu'un pépé qui a fait le mythique Saint-Jacques. Cela secoue dur dans les épaules et les poignets qui accusent les chocs, mais je jouis de contrôler encore ma monture dans les descentes caillouteuses ou sablonneuses. Heureusement, si je constate que les freins usagés n'autorisent pas les dérapages, en traînant le pied gauche sur le plancher, je peux m'arrêter quand je le veux. Se montrer capable de passer du tandem de route et du vélo à assistance électrique au vélo tout terrain agit comme un élixir de jeunesse. Au bord de la falaise surplombant Vals-près-le-Puy, toujours derrière mon guide, nous entendons monter les flonflons de la fête foraine ainsi que ceux de la foire de la Toussaint, en approchant du réservoir d'eau de la ville. La semelle de ma basket gauche s'use en frottant pour freiner sur le macadam des lacets que nous avions empruntés pedibus une heure trente auparavant. Toujours aussi attentif, Melchior me met en garde contre les voitures qui pourraient venir à notre rencontre. La réussite de l'expédition est totale. Connaissant maintenant les pièges du terrain, je suis sûr que je pourrai refaire seul le trajet. Je redeviens autonome en pleine nature et, surtout, je sens que j'en ai la force. Merci Melchior.

C'est ainsi qu'un nouveau projet s'échappe de ma tête. J'ai appris qu'en roulant avec les vététistes d'Espaly, Gilles a cru comprendre que le président du club allait se pencher sur la révision du tandem VTT que l'association possède en son sein. Je me revois déjà, comme cinq mois auparavant, roulant derrière mon copain, mais cette fois-ci à vélo tout terrain. Pari relevé !

XXXIII
Vouloir et accepter

Tant que tourneront les pédales, les millions de boucles de l'écriture feront de même sur mon écran. C'est la même énergie vitale qui circule dans le corps et dans la tête. Je notais ces jours-ci qu'il me fallait voir absolument pour avancer seul sur les chemins ou les routes. C'est un fait. Quand il le faut et parce que je l'ai décidé par envie, je vois suffisamment pour rouler sans incident. Pédaler pour avancer et écrire pour exprimer sont les deux mamelles d'un même désir de vivre au-delà des limites du manque à voir. Et peut-être à vivre… C'est le tarif du risque à courir pour conserver l'envie du mouvement et la nécessité de se dire.

Le chemin de l'acceptation s'avère plus long que celui du Saint-Jacques. Mon « oui à ce qui est », très dépendant de la forme physique du moment et de l'activité en cours reste velléitaire. Tout comme pendant une véritable course cycliste, le coureur qui s'échappe est parfois rejoint par les autres concurrents. Je reconnais bien humblement que si mes échappées se trouvent facilitées par le plaisir de pédaler, celui d'écrire ou les bons moments de partage entre amis, je suis ponctuellement rattrapé par le peloton des coups de vent mauvais qui font obstacle à la course lorsque je me heurte aux actions devenues inaccessibles. C'est dans ces moments particuliers que je comprends qu'il faut encore cheminer dans ma tête et mes sensations pour dénicher au fond de mes entrailles la perle qui m'offrira l'éclat d'une acceptation authentique. Le catalogue des étoiles à allumer reste à compléter.

Dans le titre de ce chapitre, par intuition, j'ai associé les mots d'acceptation et de volonté. Il me semble maintenant que la première dépend étroitement de la seconde. Dans mon souvenir, sur la route de Santiago, la mémorable descente sur Sarria, racontée au chapitre 27, m'a offert la conviction de l'acceptation du risque et du danger. L'acceptation devient possible si je la décide et la veux vraiment. Bien sûr, à Sarria, elle s'est produite au cours d'un événement bref et particulier. Pourquoi cette volonté au-delà de ma peur ? Est-ce la griserie de la vitesse ? Est-ce un enivrement dû à la fatigue ou à la folie d'un moment de bataille dans laquelle, pour s'en sortir vivant, il ne faut surtout plus penser ? Est-ce la grâce immédiatement obtenue suite à la courte prière qui remet tout entre les mains de la Providence, même sans certitude, mais par ce qu'on n'a plus d'autre choix que celui de l'abandon ? Sûrement tout cela à la fois. En tout cas, au cours de cette expérience précise, la volonté a fusionné avec l'acceptation.

J'aurais, dans d'autres domaines, tant d'autres choses à accepter ! Tout n'est sûrement pas acceptable et la volonté n'est pas à confondre avec la toute-puissance. Si je crois à l'abandon à une personne de confiance ou pourquoi pas à la Providence, j'ai également le rôle d'en prendre la ferme décision et d'y exercer ma volonté. Encore faut-il, comme l'expliquait le docteur Vittoz, que l'action soit possible à réaliser pour moi et que je le veuille vraiment.

XXXIV
La Puycyclette

En ce 19 novembre 2022, dans les rues de l'agglomération, le signe d'un changement d'époque s'annonce sous des traits joyeux malgré la morosité ambiante que les médias ne cessent d'entretenir depuis presque trois ans. La bicyclette ose remonter sur son trône de petite reine. Elle et son pilote sont pétillants de gaieté en agitant les sonnettes et en chantant pour attirer l'attention des automobilistes et des passants. À partir de dix heures trente, une procession colorée de dizaines de cyclistes s'est rassemblée devant la gare de la ville afin d'entamer sa troisième « vélorution » avec l'objectif de revendiquer courtoisement leur place dans les plans de circulation de la cité. De sept à soixante-dix-sept ans, pédalant chacun sur des vélos de toutes tailles et parfois adaptés au transport des enfants ou des colis, nous sommes cent cinquante environ à nous lancer sur la chaussée en direction de Brives-Charensac avant de traverser Le Puy et de regagner Espaly-Saint-Marcel où les plus grands se réchaufferont d'un excellent vin chaud. Beaucoup de mamans et de papas avaient pris soin d'emmitoufler leur progéniture avant de les asseoir sur des sièges sécurisés ou à l'intérieur de remorques bien aménagées pour être facilement tractées par des parents qui en profitent parfois quotidiennement pour se muscler le mollet et s'entretenir la santé. Aujourd'hui, de plus en plus de travailleurs ou de simples promeneurs délaissent leurs automobiles et adoptent un moyen de transport non polluant et peu encombrant. Ainsi de nombreux Ponots font leurs courses et emmènent leurs enfants à l'école en empruntant les rues de plus en plus souvent équipées de pistes cyclables qui augmentent leur sécurité. Il faut dire que cette manifestation pacifique avait pour but d'encourager les pouvoirs publics à multiplier et améliorer les aménagements réservés aux usagers des deux roues à pédales avec ou sans assistance électrique.

L'occasion était trop bonne pour satisfaire un tandem privé de plein air et par la même son bon maître privé de son pilote hebdomadaire et dont les deux compagnons jacquaires étaient indisponibles. Naturellement, je pense à Bertrand, qui avait déjà accepté de se mettre aux manettes lors de la première vélorution l'an dernier à la même époque. Gentiment, il me propose de me rejoindre à la maison en gravissant les deux kilomètres de dénivelé positif entre son domicile et le mien. Délaissant les chaussures munies de cales, nous partons en tennis, sachant que, vu la foule pédalante attendue, les occasions de frottements provoquant des arrêts seront nombreuses. Bertrand roule prudemment pour son deuxième essai. La traversée du centre-ville jusqu'à la gare ne lui pose aucun problème. Beaucoup de cyclistes se connaissent et chacun admire les machines en petits groupes. De nombreux enfants, souvent très jeunes, expliquent comment ils s'installent dans la remorque bâchée aux couleurs voyantes ou se tiennent prudemment aux accoudoirs des sièges solidement adaptés au porte-bagages arrière ou même sur le cadre devant papa ou maman. On admire d'imposants engins qualifiés de vélos-cargos qui peuvent également abriter les petits, futurs pédaleurs. D'autres bicyclettes sont carrément destinées aux transports de paquets pour les livraisons. La preuve est faite que les fabricants de cycles savent s'adapter à un marché de véhicules non polluants propices à alléger la circulation tout en participant à la diminution de la menaçante empreinte carbone.

À l'heure dite, bien annoncée par un véhicule de police, la joyeuse armada s'ébranle depuis le pôle intermodal en direction de la descente de Tireboeuf et s'étale rapidement sur un bon kilomètre avant de rejoindre la sortie de Brives-Charensac et de revenir par la longue rue centrale sous l'œil des bénévoles en gilet jaune qui assurent la sécurité à chaque carrefour. Sur les trottoirs, les passants étonnés s'arrêtent, souvent pour applaudir. C'est dans une ambiance bon enfant, que se déroule la manifestation, émoustillée par l'originalité de ce défilé inhabituel où l'on entend bavarder, cliqueter les sonnettes et/ou l'on voit s'enhardir les mollets aux accents d'une musique entraînante. Les passionnés du guidon se rapprochent du Puy qu'ils entendent traverser sur toute sa longueur, via la place du Breuil avant de tourner à gauche pour emprunter le boulevard Gambetta qui conduit au parking de la MJC d'Espaly-Saint-Marcel. Tout le monde est enchanté. Nul incident n'est venu troubler le magnifique et pacifique défilé. Après avoir ainsi égayé les boulevards, les enfants se précipitent sur les pommes chips et les jus de fruits alors qu'un verre de vin chaud ravigote leurs parents et autres participants.

La pluie a eu le bon goût de nous laisser le temps de vélorutionner et nous invite maintenant à regagner la grande salle pour nous permettre de partager le pique-nique. C'est surtout le noyau dur des organisateurs de la manifestation auquel je me joins qui profite de ce moment de convivialité et tout en se restaurant s'intéresse déjà aux projets à venir. Me sentant bien accueilli, j'imagine nouer là de nouvelles relations, et pourquoi pas, baignant dans le nuage d'un optimisme naissant rencontrer parmi eux un nouvel ami intéressé par des sorties régulières en tandem !

XXXV
Hivernage plein de promesses

Cette nuit, après quelques jours de grand froid, la neige est venue confirmer que l'hiver existe encore malgré l'évidence du réchauffement climatique. Faute d'empoigner le guidon, il a fallu empoigner les manches de la pelle et du balai pour dégager l'accès à la maison. Tout comme les feuilles et les chants d'oiseaux, les copains pilotes se sont éloignés. Le Camino s'est calfeutré en haute ville. Le chemin qui s'élève en face de la maison a perdu ses pèlerins. Pourtant, ce matin, à la radio, j'ai entendu le dicton disant qu'à « la Sainte Luce, le jour fait un saut de puce ». Même si le Père Noël arpente jovialement les marchés qui lui sont dédiés alors qu'à dix-sept heures la nuit est déjà tombée, le jour désire reprendre le dessus. La lumière sait, depuis le commencement, qu'elle vaincra finalement. En ces jours, on rallume les guirlandes pour la fête de Noël même si son sens originel est fortement occulté par notre société commerciale. À la maison aussi, les papiers cadeaux refléteront les scintillements lancés par le sapin décoré à la grande joie de nos petits-enfants et pour le plaisir de leurs parents. La famille aura la chance de se rassembler autour de l'un des meilleurs repas de l'année. Au cœur de l'hiver, malgré le froid et la grisaille, la morosité ambiante régnant sur les sociétés, les hommes raniment toujours des étoiles dans les rues ou des lanternes sur leurs chemins. Chez les chrétiens, on s'accroche à l'espérance suscitée par la naissance d'un petit enfant annoncée depuis des millénaires par les prophètes. On a beau ne pas vouloir y croire, les jolis cadeaux que l'on s'offre dans la nuit du 24 au 25 décembre symbolisent l'espoir de connaître un jour le règne de la tendresse et de l'amour entre les hommes. Si la nature s'est endormie, une germination nouvelle frétille en son sein. Si le Camino est fermé, les bénévoles en préparent la réouverture prévue, comme chaque année dès le printemps. En me faisant un clin d'œil, un certain esprit croisé sur mon chemin me suggère l'idée de ressortir la crèche provençale que j'installerai dans un modeste recoin de la maison. Deux petites flammes y inviteront les regards. Ceux qui le pourront les remarqueront.

La saison hivernale n'est pas synonyme de mort. La naissance du nourrisson dont le nom signifie « Dieu sauve » est encore joyeusement célébrée deux mille ans après.

Jésus a passé sa courte vie à annoncer aux hommes que le mal n'aura pas le dernier mot. Si beaucoup ont trouvé sa parole véridique, tous l'ont trahie, faute de pouvoir la vivre en toute vérité. Combien d'innocents bébés nés de l'amour authentique ont fini par vivre dans le mensonge. Seul, le Sauveur célébré la nuit de Noël a incarné la Parole qu'il annonçait. Nous l'avons tous crucifié avec notre orgueil. Nous l'avons abandonné en imaginant qu'il partageait notre goût pour la toute puissance. Je crois aujourd'hui que son unique pouvoir consiste à se donner totalement afin qu'un jour nous puissions reconnaître et accepter son message d'amour. Seul son sacrifice prouve son origine Divine. Notre adhésion à cet événement peut nous conduire à la foi en sa résurrection et à l'espérance. Il est le don absolu de la vie dans le sens qui conduit à la lumière que nous désirons si maladroitement chaque année à Noël. Ce n'est pas la perte généralisée de la confiance en l'Église qui peut barrer le chemin du message véhiculant la bonne nouvelle. Je préfère les commentaires du livre saint à ceux des infos des chaînes de télé ! Aussi curieux que cela puisse paraître, j'entrevois le lien entre la réalisation d'un pèlerinage et le désir de ranimer une flamme.

Hier, 21 décembre alors que nous franchissions le jour le plus court de l'année, notre chorale du bassin du Puy, a donné son concert de Noël dans la belle chapelle de la Commanderie des Chevaliers de l'ordre de Saint-Jean de Jérusalem. Ses membres dont la plupart représentent comme moi les aînés de notre ville osent braver la scène et simplement chanter avec toute l'énergie de leur bel âge pour offrir un moment de gaieté au public qui les suit fidèlement. Encore et toujours, le programme propose des perles en chansons à textes sur les thèmes de la paix, de l'amour et de l'espoir. D'après la durée des applaudissements, l'auditoire a bien reçu ce cadeau quatre jours avant la vraie fête de la lumière. Je veux rappeler ici que notre association naissante « Le tandem t'emmène » doit à ce chœur d'avoir pu faire réviser le tandem de Jean-Claude qui sera remis à Marie-Claude. Cela n'a l'air de rien, mais grâce à cette initiative, notre amie malvoyante pourra bénéficier du nouvel engin pour pratiquer l'un des rares sports réservés aux déficients visuels. Merci de tout cœur à vous les chanteurs et à vous les capitaines de tandem si difficiles à débusquer et sans lesquels la pratique du vélo nous serait interdite.

XXXVI
Le tandem t'emmène et grandit

Il nous y a bien emmenés à Compostelle, ce cher tandem. Il est même devenu une association de trois pèlerins qui sont revenus à quatre en comptant l'amitié qu'il a fait naître entre eux, comme aime à le souligner Alain. Aujourd'hui, après une première année au cours de laquelle l'association a pu profiter des avantages engendrés par son statut légal, elle a naturellement désiré grandir dans sa tête comme elle l'a fait dans ses muscles au cours de son épopée vers le bout de l'Europe. Je ne suis pas seul à avoir besoin de pilotes et ceux-ci ne sont sûrement pas les deux seuls à vouloir accompagner un handicapé, que ce soit sur le chemin de Saint-Jacques ou tout simplement sur les routes de Haute-Loire ou d'ailleurs.

Dès l'origine, touché par mon projet, Jean-Claude, un ami cycliste au palmarès exceptionnel inscrit sur son compteur m'avait offert d'abriter un beau tandem datant des années soixante-dix afin d'en faire profiter une autre personne de mes connaissances qui en manifesterait le désir. Si l'expérience put se réaliser quelques semaines, il faut reconnaître qu'elle ne devint pas pérenne, peut-être à cause de l'ancienneté de l'engin plus adapté à des mollets endurcis et friand de manipulations ajustées à l'habileté d'un pilote averti des subtilités concernant l'utilisation des vitesses ainsi que la délicatesse d'un freinage que nous qualifierons de vintage quant à son efficacité dans les fortes déclivités routières. Ayant en définitive peu roulé malgré son demi-siècle d'existence, l'engin n'en reste pas moins magnifique sous sa flamboyante robe rouge vif qui ne manque pas d'attirer les regards admiratifs.

Je sentais bien que sa situation de retraité contraint de partager le même local qu'un jeune Canondale régulièrement sollicité pour de joyeuses escapades le faisait dépérir plus rapidement qu'il ne le méritait. Une cure de jouvence s'imposait.

Nous avons donc profité de la générosité des membres de la chorale du bassin du Puy que nous avions invités à notre deuxième envol dans le jardin du Camino au mois de juin dernier, pour le conduire dans l'atelier d'Olivier qui a entrepris de réaliser une première série d'améliorations techniques. Jugé apte à reprendre du service, le solide engin méritait dorénavant d'offrir ses deux guidons enrubannés de blanc à une nouvelle candidate et à son pilote, même si ce dernier se montrait un peu dubitatif en se penchant sur les détails.

Tels les trois rois mages, en ce début d'année, les rois du Tandem t'emmèneront donc profiter de la tradition de leur galette pour offrir leur présent au duo constitué par Marie-Claude et son capitaine Jean-Paul au cours d'une véritable cérémonie dans le local du café Jeunes pousses, espace à vocation associative. À l'image du Camino dont les bénévoles nous ont tant soutenus, Le tandem t'emmène a décidé de poursuivre son œuvre de solidarité à l'égard de personnes motivées pour quitter le cocon protégeant des appréhensions inhérentes au handicap. C'est ainsi qu'une trentaine d'amis nous ont fait le plaisir de répondre à notre invitation en entourant les deux nouveaux tandémistes auxquels s'est joint Éric, sportif non-voyant qu'un autre Alain avait accompagné et qui du coup a accepté de tenir le guidon avant du vélo de son copain.

En cette période de Noël, oserais-je poursuivre la métaphore des Rois mages suivant une étoile, en comparant notre petit café à une crèche puisqu'il accueille régulièrement en son sein des jeunes enfants auxquels des parents attentionnés permettent de se divertir de façon éducative en leur offrant des séances musicales et ludiques. Pour cette raison, l'établissement est connu sous le tendre nom de « Jeunes Pousses ». Bien d'autres associations y abritent leurs réunions, telle la Puycyclette dont j'ai déjà parlé dans un chapitre précédent. Nous ne pouvions donc trouver lieu plus approprié pour y réunir tous ces amis qui, tels des bergers, se sont déplacés pour fêter l'événement tout en se racontant la manière que chacun a trouvé pour encourager les jeunes pousses du tandem à croître et se multiplier. Décidément, pour nous, ce vélo à quatre mains devient le symbole de l'entraide et de la fraternité. Mais ne vient-il pas de nous amener à Compostelle, mot qui signifie le champ des étoiles ?

XXXVII
Entre deux

Me voici ce matin entre deux sentiments bien étrangers l'un à l'autre. Celui de la colère d'un échec induit par la déficience visuelle et celui de la rage de poursuivre l'écriture. Une mauvaise manœuvre de mes doigts sur le clavier a provoqué l'effacement de quatre matinées de rédaction. L'intelligence artificielle de mon ordinateur a refoulé la joie d'avoir terminé le dernier chapitre en ne sauvegardant que son titre. Moi qui m'accroche quotidiennement à la corde des mots que j'aligne chaque matin sur l'écran de mon histoire, j'ai été victime d'un dérapage incontrôlé de mes doigts sur deux touches qui, simultanément enfoncées, ont effacé tout le texte sans possibilité de le restaurer. D'abord abattu comme si la machine venait de dévorer une part de mon combat quotidien, poussé par le désir de l'exprimer à moi-même et aux autres, tel un Sisyphe, je reprends mon rocher pour le remonter en haut du trou où le mauvais sort l'a précipité. En cet instant, redescendu dans la cave vidée de la mémoire précise des phrases laborieusement élaborées, j'éprouve la peine de celui qui voit s'écrouler l'œuvre déjà construite. Je ne peux pas me laisser le choix. Vivre cette matinée, c'est recommencer et tant pis si l'expression varie puisque je la poursuis.

Dans l'entre-deux des saisons, et des projets échus et à venir, il y a la joie d'avoir refait une sortie avec Gilles avant de recommencer le surlendemain accompagné par Bruno. Parallèlement, ce seront les mots pianotés sur le clavier informatique d'un petit poucet qui cherche à revenir chez lui, auprès de la flamme d'un foyer toujours à entretenir.

Avec mon ami Gilles, nous avons enfourché le tandem au début du grand fleuve sur lequel nous naviguerons l'an prochain en présence d'Alain qui habite trop loin pour être là aujourd'hui. Voici les fleurs qui ont composé le bouquet de cette randonnée hivernale. En premier lieu, je revois le plaisir de côtoyer l'impétueux roulis de l'enfance du plus long fleuve de France dont on sent déjà toute la volonté de rejoindre le vaste Atlantique. Narguant le rocher de Peyredeyre, le voici virant sur sa gauche pour venir caresser le piédestal du premier et fier château de la Loire que les célèbres Polignac construisirent entre le treizième et le dix-neuvième siècle. À travers les brumes de mes images, je me souviens de façades à la fois austères et plaisantes, formant une couronne émergeant des flots gris frangés d'argent. À Lavoûte, le paysage s'élargit en une vallée qui, satisfaite de ses charmes, a baptisé son village Beaulieu. Depuis la route qui le longe, on s'émerveille souvent de la floraison des premiers forsythias prometteurs d'un printemps pourtant lointain. Parvenus au panneau indiquant le joli patronyme Rosières, pressés de nous échauffer les muscles, nous acceptons de transpirer quelques hectomètres avant de parvenir au village de Malrevers, qui nous accueille avec son église et sa fontaine sur laquelle nous adossons le tandem, histoire de savourer un macaron accompagné d'un gobelet d'infusion « Premiers frissons d'hiver » convenant parfaitement à la situation. Pour conserver la goûteuse chaleur de la tisane, j'enfile le K-way avant le galop de retour en direction du fleuve en amont duquel stationne notre modeste bétaillère. Si les premiers kilomètres s'avalent tranquillement, nous voici soudain dépassés par un trio de coursiers semblant vouloir nous donner une leçon sur le thème de la compétition. L'esprit agité par le grand air, je lance à la cantonade : « ils ne sont pas si forts que ça » !

Il n'en faut pas plus pour engager un duel entre trois inconnus et deux vétérans qui n'ont d'autre ambition que celle de ne pas se laisser distancer sans raison dûment explicitée. Écrasant les pédales, j'invite mon capitaine à enclencher la poursuite. C'est alors que sur les deux derniers kilomètres, de fraîches gouttes de pluie vont se transformer en gouttes de sueur sécrétées sous un coupe-vent inadéquatement enfilé. De retour à Peyredeyre, je trouve une échappatoire en criant par-dessus l'épaule de Gilles : « Ciao, nous montons à Chaspinhac » ! Le trio de tête n'ose pas relever le faux-vrai défi !

Faute d'avoir gravi la légendaire montée de Chaspinhac au départ de laquelle était garée notre voiture, le surlendemain, je demande à Bruno qui aime les côtes et les petites routes de me piloter entre Espaly et Bains en passant près de la source ferrugineuse des Estreys et le village de Vourzac. Sans cales à ses chaussures, le guidon quelque peu sinueux par manque d'habitude, ce capitaine en second pour l'instant, semble déborder d'une énergie bien maîtrisée réglable à ma demande personnelle. Afin de me distraire de l'effort dans le bref col alpin près de la ferme de Bornette, il m'explique qu'il est normal de ne pas voir la tour médiévale puisqu'elle a été démolie. Cela me rassure un peu sur l'état de mes yeux. Internet nous renseigne en signalant l'écroulement récent des restes d'une petite tour ayant appartenu au manoir situé à quelques centaines de mètres en face de l'exploitation fermière actuelle. Nous traversons la départementale en quelques vigoureux coups de reins à la façon de ceux du « Roger » d'antan, pour nous hisser au-dessus de Fareyrolles avant de longer une succession de captages des eaux du Vourzac qui participent à l'alimentation de l'agglomération ponote. Comme il est bon, même en hiver, de respirer l'air pur du plateau. Je le reçois tel un carburant autant physique que mental. Se pratiquant à deux par essence, le tandem invite à la conversation sans laquelle il lui manquerait une dimension relationnelle. On ne se verrait pas pédaler en silence, hormis les rares moments d'essoufflement. Portés par l'énergie de l'effort, les bavardages vont bon train. Ils nous apprennent à nous connaître et nous rapprochent à travers une action commune. Nous nous déplaçons dans l'espace et le temps passe vite. Nous prêtons l'oreille à l'autre si nous ne voulons pas que le vent emporte nos paroles. Grâce à la force qu'il nous oppose, nous aiguisons notre écoute mutuelle. Par la différence des constitutions, nous nous appliquons à accorder nos rythmes respiratoires et cardiaques. Le sens de l'équipe se creuse dans la joie de donner et de recevoir. Pour vaincre la côte et le vent, l'effort se conjugue et nous permet d'entretenir nos forces. En pénétrant dans le village de Bains, je souris en pensant que je suis en train de prendre un véritable bain de jouvence ! La grâce de vivre ces heures m'aurait-elle été offerte si je n'avais pas eu besoin de l'aide des autres pour m'échapper de la poisseuse atmosphère d'une grave pathologie oculaire ? Un coup de pédale après l'autre, je sens que les appuis de mes pieds me permettent de m'élever au-dessus des murs d'un cachot.

XXXVIII
Nouvelle étape

Sur mon chemin de Saint-Jacques comme sur le chemin de la vie, mon bâton de pèlerin trace les mots de l'écriture. Aujourd'hui, l'idée me vient de donner à ce chemin la forme du signe de l'infini avec ses deux boucles qui se rejoignent en un point central. Si l'une des deux représente les belles victoires remportées depuis mon entrée en compétition contre les forces malignes du handicap, sa sœur jumelle me renvoie au contraire les pertes quotidiennement ressenties. Désormais, j'habite au centre du mouvement infini de mon pèlerinage. À ce point central, j'occupe la ligne de départ du tour de l'avenir. Et un petit tour à droite et un petit tour à gauche ! Les deux existent, mon capitaine. D'un côté, le fossé des difficultés du parcours, de l'autre, la coupe remplie des joies reçues. Ancré dans l'instant présent, de la main, je peux tracer le chemin en les reconnaissant toutes les deux.

L'énergie du désir est inscrite profondément dans tout mon être, je la sens revenir me titiller grâce à l'insistance d'Alain qui travaille sur le projet Loire 2023. Il a déjà arrêté le parcours en une douzaine d'étapes. Son enthousiasme m'interroge. Et si l'exigence de ce projet bousculait la baisse de tonus que je viens de traverser ? Me serait-il possible de tendre toutes mes forces vers un nouveau dépassement de mes craintes ? Même le langage inconscient du rêve s'est mis de la partie en me sortant du sommeil ce matin. Poussé par un individu, je me sentais tomber dans le vide. La durée de la chute me donnait cependant le temps d'attendre l'impact qui ne pouvait être que fatal. Mais une fois celle-ci terminée, je m'étonnais de me retrouver parfaitement indemne. La vie avait eu le dernier mot ! Elle me conduira une fois encore au-delà des brumes de l'incertitude. La profondeur de l'inscription dans le scénario d'un rêve me prouve que l'inconscient a accepté la réalité du désir inhérent à la vie.

Une soixante-douzième année entamée d'un trimestre se trouve naturellement engoncée dans certaines limites et certains pincements physiques variés. Sur les médias, le monde se plaint. Le ciel est bas et la terre endurcie par le gel. Dans les rues, les questions des « T'as mal où » alimentent les conversations. Tout cela clapote bien dans la boucle du verre à moitié vide. Je le vois, je l'entends, et le ressens comme tout le monde. Alors, depuis mon ancrage volontaire, je me tourne vers la seconde boucle et je dessine une couronne autour de la journée à vivre. Un bon feu de bois crépite à côté du fauteuil sur lequel je suis assis pour écrire. La page de mon écran s'emplit des cadeaux de cette journée. Dans une heure, installé sur la confortable selle en cuir de mon vélo d'appartement, mes jambes se plairont à assurer mon entraînement. Je sentirai la réalité de mes forces nettoyant les miasmes de mon organisme tout en lui conservant la meilleure forme possible pour moi. Tout en pédalant, j'écouterai le splendide témoignage de résilience écrit par Sylvie Sanicia après son grave accident de moto. Le corps coincé entre la roue et l'aile d'un poids lourd, faussement déclarée décédée, le squelette et les chairs meurtris de toute part, elle racontera son long combat contre la paralysie jusqu'à sa victoire au sommet du Mont-Blanc alors qu'auparavant, les médecins lui avaient prédit un avenir en fauteuil roulant. Tout en pédalant, l'écoute de son récit me transfusera son énergie et sa volonté. Je fais le plein de ce précieux carburant pour l'esprit. Puis en ce jour qui se dessine, l'esprit pèlerin reviendra cet après-midi avec une visite à une personne handicapée souvent seule. Nourrir l'assimilation de la bonne nouvelle par la fréquentation de pèlerins de toutes sortes est une excellente chose. Puisse le chemin de Saint-Jacques avoir semé dans mon esprit quelques graines de charité et d'ouverture à la différence. L'envie de piocher sur ce terrain-là est un fruit du pèlerinage.

XXXIX
Germinations

En cette mi-février, le ciel superbement bleu abaisse les sept degrés du thermomètre sous le zéro. Dans la terre gelée et dans ma tête, je sens frémir les graines d'un printemps qui patiente plus sereinement que mes désirs. Je crois que des germes s'apprêtent à forcer les barrières résistantes des projets. À Monistrol, Alain a arrêté notre date de départ au 12 juin et s'active à trouver les lieux d'accueil qui nous abriteront, en commençant par la maison, arrivée de la première étape. Nous sommes précisément à quatre mois de notre départ aux sources de la Loire.

Mardi dernier, Gilles m'a accompagné jusqu'à Saint-Vincent où nous avons rejoint Paul qui semble très intéressé pour reprendre du service au bout de deux ans de mise en sommeil de son activité professionnelle doublée de dizaines d'années d'une longue carrière de président du club cycliste de Villepreux en région parisienne. Ensemble, nous avons couvert l'aller-retour depuis sa maison jusqu'à Retournac, alternant légères bosses et faux-plats descendants tout autant que fraîches périodes à l'ombre et lumineuses portions ensoleillées. Le plaisir d'une première vraie sortie hivernale au long d'une Loire déjà majestueuse jusqu'au grand pont qui la traverse sur une largeur impressionnante. Comme dit Paul, « on a du boulot si on veut retrouver le niveau » ! L'observant rouler dans sa flamboyante tenue du club dont il fut l'animateur multiservice, n'hésitant pas à entraîner ses membres dans les plus prestigieuses épreuves cyclotouristes, je le crois bien trop modeste et me demande ce qu'il est capable de nous préparer sous son casque de vétéran aguerri…

Une bonne nouvelle en appelant une autre, j'ai en même temps pris contact avec Philippe de Sainte Sigolène qui me propose une participation à la concentration de cyclistes handicapés et de leurs aidants pédaleurs à Voguë en Ardèche à la fin avril. Une quarantaine de tandémistes devraient effectuer cinq parcours en étoile autour de la ville entre le 28 avril et le 2 mai. C'est parti à la fois pour l'inscription à l'épreuve impliquant une adhésion à la Fédération française de Cyclotourisme. Je compte sur ce nouveau départ en aventures kilométriques autant que relationnelles. Émoustillé par l'appel de ce défi, j'ai défoncé mon inquiétude à ressortir seul à vélo en me disant que dans la décision d'accueillir les images offertes par la route dans une concentration continue, je réussirais sûrement à parcourir mon trajet habituel tout en répondant à l'invitation du soleil généreux de ce début d'après-midi. De toute façon, n'ayant plus guère le choix, il me reste la possibilité de mettre à profit ma volonté de recevoir au maximum les vibrations lumineuses destinées au sens de la vue. Les mains sur le guidon, je me suis laissé happer par la chaussée grise et ses bandes blanches, les talus verts et leurs fossés tachetés de plaques de neige et par la masse bruyante des autos à la couleur fuyante. Voir ou plutôt recevoir de proche en proche les vibrations plus ou moins lumineuses du paysage traversé, minute après minute, voilà le challenge relevé aujourd'hui 12 février 2023.

Au cours de ces jours qui continuent à s'égrainer en direction du mois de mars, pierre après pierre, les projets prennent forme. Grâce à

Françoise et Philippe, respectivement présidents des comités des Fédérations régionales et départementales de cyclotourisme, j'ai validé mon inscription à la concentration organisée en Ardèche pour les cyclistes porteurs d'un handicap. Ce sera une belle occasion d'élargir le cercle amical des relations qui me permettent d'avancer malgré les nuages flottant dans mon champ visuel. C'est une motivation supplémentaire pour entretenir les acquis physiques de ce début d'année. J'aurais en plus l'occasion de faire la connaissance d'un nouveau pilote et d'y découvrir les avantages d'un tandem à assistance électrique. Si le « guerrier » ne pense pas à la retraite, je le soupçonne de commencer à s'intéresser à la possibilité d'envisager l'appui d'une technique adaptable à l'engin qui m'autorise tant de belles évasions. Et puis, sait-on jamais, cette option inviterait peut-être de nouveaux pilotes à me prêter main-forte. Le souci d'une trop grande responsabilité ainsi que celui d'un engagement physique important font encore hésiter d'éventuels candidats à s'engager dans ce sport pourtant si salvateur pour nous, les déficients visuels. J'attends avec impatience la rencontre avec d'autres personnes porteuses de handicaps dont certaines ne s'affrontent pas aux mêmes limites que les miennes. Jusqu'ici en effet, la fréquentation préférentielle des malvoyants ne m'a pas permis de côtoyer de près les difficultés des autres handicaps et de me rendre compte de leur combat quotidien.

Cela fait du bien de prendre conscience que de tous côtés, de nombreuses personnes pensent à nous et nous encouragent. La perspective du concert offert par les membres de trois chorales de notre chef Jacqueline prend forme également. Entraînés par le bureau des chanteurs du bassin du Puy, quatre-vingts choristes au total ont signé pour le concert du 26 mars donné pour soutenir notre association de tandémistes qui d'ici là devrait passer de notre trio à une dizaine de membres. Ensemble, c'est maintenant un fait avéré, nous faisons quelque chose de positif du handicap qui ne parviendra pas à nous immobiliser.

Trois années se sont écoulées depuis l'écriture de la première partie de ce témoignage. Nous partagions alors le bon repas avec les membres des Amis de Saint-Jacques du Velay. Je me revois remettant à François le papier où figurait l'appel lancé à un pilote bénévole pour m'accompagner à Saint-Jacques en tenant le guidon de mon tandem. Avec l'apparition de la pandémie, il nous a fallu attendre plus d'une année pour entamer la partie française du chemin.

En juin dernier, nous étions dans le champ des étoiles de Compostelle. Ici en participant à l'assemblée générale des Amis de Saint-Jacques, je suis aussi entouré d'étoiles. En effet, toutes ces personnes se sont donné la mission d'éclairer par leurs conseils, la veille de leur départ, les pèlerins partant ou passant par Le Puy-en-Velay. Si depuis l'estrade où je suis installé avec mes pilotes pour témoigner, je les vois très mal, mais « l'essentiel est invisible pour les yeux », la clarté de leur présence rassure ma route. Devant moi sur le tandem, quatre étoiles particulières se relaient pour que mes yeux restent ouverts sur le lumineux chemin.

Finalement, ce chemin est celui de la foi dans l'Amour qui suscite la vie. Sur toute sa longueur, j'ai rencontré des frères humains habités par cet amour. Je termine ce témoignage au lendemain du grand concert. Quatre heures durant, ils furent quatre-vingts choristes à offrir leur temps et leur talent à plus de deux cents supporters venus pour encourager le trio à l'origine de l'association Le tandem t'emmène.

Qui aurait pu prévoir la récolte de ce fruit du pèlerinage, imaginé au départ comme un projet susceptible de m'aider à mettre à distance l'inquiétude induite par la dégradation de ma vue. À trois cœurs qui ont fortement battu pour atteindre Saint-Jacques, ont répondu trois chœurs de chanteuses et de chanteurs rassemblés par Jacqueline dans le but de les soutenir dans leur projet de transmettre la flamme de l'empathie envers ceux qui ont tant de mal à voir le monde. Entre Le Puy et Saint-Jacques, deux cathédrales ont été reliées au cours d'un long chemin fait de courage, de confiance et de fraternité. Au final, les voix mêlées des artistes et du public ont soulevé l'enthousiasme en interprétant le magnifique « C'est beau la vie » de Jean Ferrat. Nourri par la joie de ce concert, je chante et crie « Merci à tous ». Le 12 juin 2023, depuis la source de la Loire, nous vous emmènerons dans nos pensées.

Imprimé en Allemagne
Achevé d'imprimer en juillet 2023
Dépôt légal : juillet 2023

Pour

Le Lys Bleu Éditions
40, rue du Louvre
75001 Paris

www.ingramcontent.com/pod-product-compliance
Lightning Source LLC
LaVergne TN
LVHW010608160826
845677LV00013B/3313

* 9 7 9 1 0 4 2 2 0 2 3 9 2 *